Guttentag'sche Sammlung

Nr. 6. Deutscher Reichsgesetze. Nr. 6.

Text-Ausgaben mit Anmerkungen.

Ergänzungsheft

zur achtzehnten Auflage

der

Gewerbeordnung

für das Deutsche Reich.

Bearbeitet von

Dr. Karl Flesch,
Stadtrat, M. d. A.,

Dr. Friedrich Hiller,
Magistratssyndikus,

Dr. Hermann Luppe,
Stadtrat.

Berlin 1912.

J. Guttentag, Verlagsbuchhandlung,
G. m. b. H.

Zur Beachtung.

Das Ergänzungsheft berücksichtigt alle bis zum 31. März 1912 ergangenen Abänderungs- und Ergänzungsgesetze, sowie deren Ausführungsbestimmungen, insbesondere sind mitenthalten das Stellenvermittler- und Hausarbeitsgesetz nebst Ausführungsbestimmungen.

Um das Ergänzungsheft vorteilhaft zu benutzen, unterstreiche man im Hauptexemplar nachfolgende Paragraphen und Seitenziffern. Die unterstrichenen Paragraphen sind die textlich geänderten Gesetzesbestimmungen. Die unterstrichenen Seitenziffern weisen auf eine Ergänzung der Anlagen bzw. Anmerkungen hin.

Zu §		Vgl. S.
62	Das Inkrafttreten wird durch Kaiserliche Verordnung bestimmt, s. Art. 4 EinfGes. zur RVO.	6
81 a		7
81 b		7
90		6
95		8
98		8
100 l		9
100 m		9
100 n		9

Zu §		Vgl. S.
114 a	Seit 1. April 1912 in Kraft	10
120		13
120 e		14
134		15
139 b		15
139 h		15
146		16
146 a		17
147		17
150		17
154 a		16

Zur Seite	Vgl. S.	Zur Seite	Vgl. S.
48	90	412	94
49	90	488	20
52	90	491	20
67	90	507	19
77	91	522	19
85	91	536	94
89	91	547	25
91	91	596	94
105	20	628	38
106	91	632	39
107	91	642	94
114	92	645	95
122	20	649	95
123	92	660	41
124	92	662	42
125	92	669	43
126	93	691	95
154	20	692	95
178	93	699	95
203	93	720	95
207	20	722	95
208	93	770	96
233	93	777	96
331	28	792	96
372	93	806	97
381	93	828	97

Einführungsgesetz
zur Reichsversicherungsordnung.
Vom 19. Juli 1911.

Wir Wilhelm, von Gottes Gnaden Deutscher Kaiser, König von Preußen rc.
verordnen im Namen des Reichs, nach erfolgter Zustimmung des Bundesrats und des Reichstags, was folgt:

Abschnitt A.
I. Allgemeine Vorschriften.
Artikel 1.

Die Reichsversicherungsordnung tritt, soweit es sich um die Maßnahmen zu ihrer Durchführung handelt, sofort in Kraft.

Artikel 2.

Die Vorschriften ihres Vierten Buches und die zu ihrer Durchführung erforderlichen anderen Vorschriften der Reichsversicherungsordnung treten mit dem 1. Januar 1912 in Kraft.

— — — - — — — —

Artikel 4.

Die Tage, mit denen die übrigen Vorschriften der Reichsversicherungsordnung in Kraft treten, werden durch

Kaiserliche Verordnung mit Zustimmung des Bundesrats festgesetzt.

— — — — — — — —

Abschnitt B.

Artikel 101.

— — — — — — — —

Artikel 102.

Mit dem nach Artikel 4 festgesetzten Tage fällt der § 90 der Gewerbeordnung weg.

Artikel 103.

Mit dem nach Artikel 4 festgesetzten Tage erhalten

der § 62 Abs. 2,
die §§ 81a, 81b und § 95 Abs. 4,
der § 98 Abs. 3,
die §§ 100l, 100m und § 100n Abs. 1

der Gewerbeordnung die nachstehende Fassung:

§ 62.

II Die Erlaubnis ist zu versagen, soweit bei ihnen eine der im § 57 bezeichneten Voraussetzungen zutrifft, oder wenn für sie die nach der Reichsversicherungsordnung erforderlichen Krankenkassenbeiträge nicht entrichtet oder gestundet sind; außerdem darf sie nur dann versagt werden, soweit eine der in den §§ 57a, 57b bezeichneten Voraussetzungen vorliegt. Die Erlaubnis wird nach Maßgabe des § 58 durch eine für ihre Erteilung zuständige Behörde zurückgenommen.

§ 81 a.

Aufgabe der Innungen ist:

1. die Pflege des Gemeingeistes sowie die Aufrechterhaltung und Stärkung der Standesehre unter den Innungsmitgliedern;
2. die Förderung eines gedeihlichen Verhältnisses zwischen Meistern und Gesellen (Gehilfen) sowie die Fürsorge für das Herbergswesen und den Arbeitsnachweis;
3. die nähere Regelung des Lehrlingswesens und die Fürsorge für die technische, gewerbliche und sittliche Ausbildung der Lehrlinge, vorbehaltlich der §§ 103 e, 126 bis 132 a;
4. die Entscheidung von Streitigkeiten der im § 4 des Gewerbegerichtsgesetzes (Reichs-Gesetzbl. 1901 S. 353) bezeichneten Art zwischen den Innungsmitgliedern und ihren Lehrlingen.

§ 81 b.

Die Innungen sind befugt, ihre Wirksamkeit auf I andere, den Innungsmitgliedern gemeinsame gewerbliche Interessen als die im § 81 a bezeichneten auszudehnen. Insbesondere steht ihnen neben der Errichtung von Innungskrankenkassen (Abs. 2) zu:

1. Veranstaltungen zur Förderung der gewerblichen, technischen und sittlichen Ausbildung der Meister, Gesellen (Gehilfen) und Lehrlinge zu treffen, insbesondere Schulen zu unterstützen, zu errichten und zu leiten, sowie über die Benutzung und den Besuch der von ihnen errichteten Schulen Vorschriften zu erlassen;
2. Gesellen- und Meisterprüfungen zu veranstalten und über die Prüfungen Zeugnisse auszustellen;

3. zur Unterstützung ihrer Mitglieder und deren Angehörigen, ihrer Gesellen (Gehilfen), Lehrlinge und Arbeiter in Fällen der Krankheit, des Todes, der Arbeitsunfähigkeit oder sonstiger Bedürftigkeit Kassen zu errichten;
4. Schiedsgerichte zu errichten, welche berufen sind, Streitigkeiten der im § 4 des Gewerbegerichtsgesetzes bezeichneten Art zwischen den Innungsmitgliedern und ihren Gesellen (Gehilfen) und Arbeitern an Stelle der sonst zuständigen Behörden zu entscheiden;
5. zur Förderung des Gewerbebetriebs der Innungsmitglieder einen gemeinschaftlichen Geschäftsbetrieb einzurichten.

II Die Errichtung und die Rechtsverhältnisse der Innungskrankenkassen richten sich nach der Reichsversicherungsordnung.

§ 95.

IV Zur Ausführung von Beschlüssen der Innungsversammlung in den im Abs. 2 bezeichneten Angelegenheiten bedarf es der Zustimmung des Gesellenausschusses. Wird die Zustimmung versagt, so kann die Aufsichtsbehörde sie ergänzen. Die Teilnahme des Gesellenausschusses an den Angelegenheiten der Innungskrankenkassen richtet sich nach der Reichsversicherungsordnung.

§. 98

III Sind mit der Innung andere Unterstützungskassen als Innungskrankenkassen verbunden gewesen, so kann ihnen die höhere Verwaltungsbehörde nach der Auflösung oder

Schließung der Innung Korporationsrechte verleihen; in diesem Falle verbleiben den Kassen ihre Bestände.

§ 100l.

Sind mit einer Innung, die infolge der Errichtung einer Zwangsinnung geschlossen wird, andere Unterstützungskrankenkassen als Innungskrankenkassen verbunden gewesen, so sind die §§ 98, 98a anzuwenden. Sofern nicht statutarische Bestimmungen oder landesgesetzliche Vorschriften entgegenstehen, kann die Zwangsinnung mit Zustimmung der Vertretung der Unterstützungskasse diese Kasse mit allen Rechten und Verbindlichkeiten übernehmen. In letzterem Falle bleiben die vorhandenen Mitglieder dieser Kasse berechtigt, ihr anzugehören, auch wenn sie der Zwangsinnung nicht angehören.

§ 100m.

Scheiden infolge der Errichtung einer Zwangsinnung aus einer bestehenden Innung, mit der eine andere Unterstützungskasse als eine Innungskrankenkasse verbunden ist, Mitglieder aus (§ 100b Abs. 5), so können sie dieser Kasse auch ferner angehören.

§ 100n. I

Zur Teilnahme an anderen Unterstützungskassen als Innungskrankenkassen dürfen Innungsmitglieder gegen ihren Willen nicht verpflichtet werden.

Gesetz,[1]

betreffend die Änderung der §§ 114a, 120, 120e, 134, 139b, 139h, 146, 146a, 147, 150, 154a der Gewerbeordnung. Vom 27. Dezember 1911.

(RGBl. 12 S. 139.)

Wir Wilhelm, von Gottes Gnaden Deutscher Kaiser König von Preußen ꝛc.

verordnen im Namen des Reichs, nach erfolgter Zustimmung des Bundesrats und des Reichstags, was folgt:

Artikel 1.

I. Der § 114a der Gewerbeordnung erhält die folgende Fassung:

§ 114a. Für bestimmte Gewerbe kann der Bundesrat Lohnbücher oder Arbeitszettel vorschreiben und die zur Ausführung erforderlichen Bestimmungen erlassen. In die Lohnbücher oder Arbeitszettel sind von dem Arbeitgeber oder einem dazu bevollmächtigten Betriebsbeamten einzutragen

---

[1]) Vergleiche HMErl. v. 13. Februar 1912 (HMBl. 58), abgedruckt unter B III a.

1. der Zeitpunkt der Übertragung von Arbeit, Art und Umfang der Arbeit, bei Akkordarbeit die Stückzahl,
2. die Lohnsätze,
3. die Bedingungen für die Lieferung von Werkzeugen und Stoffen zu den Arbeiten,
4. der Zeitpunkt der Ablieferung sowie Art und Umfang der abgelieferten Arbeit,
5. der Lohnbetrag unter Angabe der etwa vorgenommenen Abzüge,
6. der Tag der Lohnzahlung.

Der Bundesrat kann bestimmen, daß in die Lohnbücher oder Arbeitszettel auch die Bedingungen für die Gewährung von Kost und Wohnung eingetragen werden, sofern Kost oder Wohnung als Lohn oder Teil des Lohnes gewährt werden soll.

Im übrigen sind noch solche Eintragungen zulässig, welche sich auf Namen, Firma und Niederlassungsort des Arbeitgebers, Namen und Wohnort des Arbeiters, die übertragenen Arbeiten und die dafür vereinbarten oder gezahlten Löhne beziehen.

Für die Eintragungen gelten entsprechend § 111 Abs. 3, 4, § 113 Abs. 3.

II. Hinter § 114a der Gewerbeordnung wird eingefügt:

§ 114b. Das Lohnbuch oder der Arbeitszettel ist von dem Arbeitgeber auf seine Kosten zu beschaffen und dem Arbeiter sofort nach Vollziehung der vorgeschriebenen Eintragungen kostenfrei auszuhändigen. Die Eintragungen sind von dem Arbeitgeber oder einem dazu bevollmächtigten Betriebsbeamten zu unterzeichnen. Der

Bundesrat kann bestimmen, daß die Lohnbücher in der Betriebsstätte verbleiben, wenn die Arbeitgeber glaubhaft machen, daß die Wahrung von Fabrikationsgeheimnissen diese Maßnahme erheischt. Den beteiligten Arbeitern ist Gelegenheit zu geben, sich vor Erlaß dieser Bestimmung zu äußern.

Sofern nicht der Bundesrat anders bestimmt, sind die Eintragungen gemäß § 114a Abs. 1 Nr. 1 bis 3 vor oder bei der Übergabe der Arbeit, die gemäß § 114a Abs. 1 Nr. 4 bei der Abnahme der Arbeit, die gemäß § 114a Abs. 1 Nr. 5, 6 bei der Lohnzahlung mit Tinte zu bewirken und zu unterzeichnen.

In den Lohnbüchern sind die §§ 115 bis 119a Abs. 1, § 119b abzudrucken.

§ 114c. Soweit der Bundesrat Bestimmungen auf Grund des § 114a Abs. 1, 2 nicht erläßt, kann die Landeszentralbehörde oder nach Anhören beteiligter Gewerbetreibender und Arbeiter die zuständige Polizeibehörde durch Polizeiverordnung sie erlassen. Für diesen Fall kann die Landeszentralbehörde oder die zuständige Polizeibehörde auch Bestimmungen auf Grund des § 114b Abs. 2 erlassen.

§ 114d. Bundesrat und Landeszentralbehörde können die Bestimmungen auf Grund der §§ 114a bis 114c auch für einzelne Bezirke erlassen.

§ 114e. Für die Bestimmungen des Bundesrats gilt § 120g entsprechend.

III. Der § 120 Abs. 3 der Gewerbeordnung wird wie folgt geändert:

1. Abs. 3 Satz 1 erhält folgende Fassung:

   Die Pflicht zum Besuch einer Fortbildungsschule kann, soweit sie nicht nach Landesgesetz besteht, durch statutarische Bestimmung einer Gemeinde oder eines weiteren Kommunalverbandes (§ 142) für die im Abs. 1 bezeichneten Arbeiter eingeführt werden.

2. Hinter Satz 1 im Abs. 3 wird eingefügt:

   Diese Pflicht besteht dann auch für die Zeit ihrer Arbeitslosigkeit.

3. Hinter Abs. 3 werden als weitere Absätze eingefügt:

   Die im Abs. 3 Satz 1 ausgesprochene Pflicht kann für eine Gemeinde oder einen weiteren Kommunalverband durch Anordnung der höheren Verwaltungsbehörde eingeführt werden, wenn ungeachtet einer von ihr auf Antrag beteiligter Arbeitgeber oder Arbeiter an die Gemeinde oder den weiteren Kommunalverband erlassenen Aufforderung innerhalb der gesetzten Frist das Statut nicht erlassen worden ist. Die im Abs. 3 vorgesehenen Bestimmungen werden in diesem Falle von der höheren Verwaltungsbehörde getroffen. Gegen die Aufforderung und die Anordnungen der höheren Verwaltungsbehörde ist Beschwerde an die Landeszentralbehörde zulässig.

   Die Unterrichtszeiten werden von der hierfür nach Landesrecht zuständigen Behörde festgesetzt und bekannt gemacht.

IV. Der § 120e der Gewerbeordnung wird wie folgt geändert:

1. Der Abs. 1 erhält folgenden Zusatz:

   In diese Bestimmungen können auch Anordnungen über das Verhalten der Arbeiter im Betriebe zum Schutze von Leben und Gesundheit aufgenommen werden. Eine Abschrift oder ein Abdruck der Anordnungen ist an geeigneter, allen beteiligten Arbeitern zugänglicher Stelle auszuhängen und in lesbarem Zustand zu erhalten;

2. im Abs. 2 treten an Stelle der Worte: „der zum Erlasse solcher berechtigten Behörden" die Worte: „der zuständigen Polizeibehörden";

3. die Abs. 3, 4 werden aufgehoben;

4. hinter § 120e wird eingefügt:

   § 120f. Für solche Gewerbe, in welchen durch übermäßige Dauer der täglichen Arbeitszeit die Gesundheit der Arbeiter gefährdet wird, kann der Bundesrat und, soweit er nicht Bestimmungen erläßt, die Landeszentralbehörde oder nach Anhören beteiligter Gewerbetreibender und Arbeiter die zuständige Polizeibehörde durch Polizeiverordnung Dauer, Beginn und Ende der zulässigen täglichen Arbeitszeit und der zu gewährenden Pausen regeln und die zur Durchführung erforderlichen Anordnungen erlassen.

   Soweit solche Bestimmungen nicht erlassen sind, kann auf Antrag oder nach Anhören des Gewerbeaufsichtsbeamten (§ 139b) und nach Anhören beteiligter Gewerbetreibender und Arbeiter die zuständige Polizeibehörde für einzelne Betriebe, in denen durch übermäßige Dauer der täglichen Arbeitszeit die Gesundheit der Arbeiter gefährdet wird, im Wege der Verfügung Bestimmungen und Anordnungen dieser Art erlassen. § 120d Abs. 4 gilt entsprechend.

§ 120g. Die Bestimmungen des Bundesrats auf Grund der §§ 120e, 120f sind durch das Reichs-Gesetzblatt zu veröffentlichen und dem Reichstag zur Kenntnisnahme vorzulegen.

Artikel 2.

I. Der § 134 Abs. 2 der Gewerbeordnung wird wie folgt geändert:

Den Arbeitern ist bei der regelmäßigen Lohnzahlung ein schriftlicher Beleg (Lohnzettel, Lohntüte, Lohnbuch usw.) über den Betrag des verdienten Lohnes und der einzelnen Arten der vorgenommenen Abzüge auszuhändigen.

II. Im § 139b der Gewerbeordnung treten

1. im Abs. 1 an Stelle der Worte: „120a bis 120e" die Worte: „120a bis 120f";
2. im Abs. 4 an Stelle der Worte: „120a bis 120e" die Worte: „120a bis 120f".

III. Im § 139h Abs. 1 der Gewerbeordnung ist an Stelle von „§ 120e Abs. 4" zu setzen: „§ 120g".

IV. Im § 154a der Gewerbeordnung sind die Worte: „der §§ 115" zu ersetzen durch:

des § 114a Abs. 1 Satz 1 und Abs. 4, § 114b Abs. 1, der §§ 114c"

und hinter „119a" einzufügen:

„des § 134 Abs. 2, der §§".

Artikel 3.

I. § 146 Abs. 1 Nr. 2 der Gewerbeordnung erhält folgende Fassung:

Gewerbetreibende, die den §§ 135 bis 137, 137a Abs. 1, § 139c oder den auf Grund der §§ 120e, 120f, 139, 139a erlassenen Bestimmungen insoweit zuwiderhandeln, als danach die Verwendung der Arbeiter zu bestimmten Beschäftigungen untersagt oder Arbeitszeit, Nachtruhe oder Pausen geregelt sind;

II. Im § 146 Abs. 1 Nr. 3 der Gewerbeordnung wird statt der Worte: „§ 114a Abs. 3" gesetzt:

„§ 114a Abs. 4"

und hinter den Worten: „des § 111 Abs. 3" eingeschaltet:

„und des § 113 Abs. 3".

III. Im § 146 der Gewerbeordnung wird hinter Abs. 1 als Abs. 2 eingeschaltet:

War in den Fällen des Abs. 1 Nr. 2 der Täter zur Zeit der Begehung der Straftat bereits zweimal wegen einer der dort bezeichneten Zuwiderhandlungen rechtskräftig verurteilt, so tritt, falls die Straftat vorsätzlich begangen wurde, Geldstrafe von einhundert bis dreitausend Mark oder Gefängnisstrafe bis zu sechs Monaten ein. Die Anwendung dieser Vorschrift bleibt ausgeschlossen, wenn seit der Rechtskraft der letzten Verurteilung bis zur Begehung der neuen Straftat drei Jahre verflossen sind.

IV. § 146a der Gewerbeordnung erhält den folgenden Zusatz als Abs. 2:

Wer den §§ 105b bis 105g oder den auf Grund dieser Vorschriften erlassenen Anordnungen zuwider Arbeitern an Sonn- und Festtagen Beschäftigung gibt oder den auf Grund des § 105b Abs. 2 erlassenen statutarischen Bestimmungen zuwiderhandelt, nachdem er bereits zweimal wegen einer Zuwiderhandlung gegen die bezeichneten Vorschriften rechtskräftig verurteilt worden ist, wird, falls die Straftat vorsätzlich begangen wurde, mit Geldstrafe von fünfzig bis eintausend Mark oder mit Haft bestraft. § 146 Abs. 2 Satz 2 gilt entsprechend.

V. § 147 Abs. 1 Nr. 4 der Gewerbeordnung erhält folgende Fassung:

wer den auf Grund der §§ 120d, 137a Abs. 3, § 139g endgültig erlassenen Verfügungen oder, abgesehen von den Fällen des § 146 Abs. 1 Nr. 2, § 150a, den auf Grund der §§ 120e, 120f, 139, 139a, 139h erlassenen Bestimmungen zuwiderhandelt;

VI. Der § 150 Abs. 1 Nr. 2 der Gewerbeordnung erhält folgende Fassung:

2. wer außer dem im § 146 Nr. 3 vorgesehenen Falle den Vorschriften dieses Gesetzes in Ansehung der Arbeitsbücher, Lohnbücher oder Arbeitszettel oder den auf Grund dieser Vorschriften erlassenen Bestimmungen oder den Vorschriften des § 134 Abs. 2 zuwiderhandelt;

VII. Hinter § 150 der Gewerbeordnung wird als § 150a eingefügt:

Mit Geldstrafe bis zu sechs Mark und im Unvermögensfalle mit Haft von einem Tage für jeden Fall der Verletzung des Gesetzes wird bestraft, wer den auf Grund des § 120e Abs. 1 Satz 2 erlassenen Bestimmungen zuwiderhandelt.

Artikel 4.

Soweit in Bestimmungen des Bundesrats auf § 120e Abs. 3 der Gewerbeordnung verwiesen ist, tritt an dessen Stelle § 120f der Gewerbeordnung.

Artikel 5.

Dieses Gesetz tritt am 1. April 1912 in Kraft.

Anhang.

A. Ausführungsbestimmungen für das Reich.

I. Zu § 24 Abs. 2.

1. Bekm. betr. allgemeine polizeiliche Bestimmungen über die Anlegung von Landdampfkesseln vom 17. Dezember 1908 (RGBl. 1909 S. 3) ist in den beigegebenen Materialvorschriften geändert und berichtigt durch Bekm., betr. Ergänzung der Materialvorschriften für Land- und Schiffsdampfkessel vom 2. März 1912 (RGBl. S. 188).

— — — — — — — —

4. zur Berichtigung der in den §§ 12 der unter Nr. 2 und 4 erwähnten beiden Bekanntmachungen vom 17. Dezember 1908 (RGBl. 1909 S. 3 u. 51) Abs. 1 auf Zeile 8 das Wort „neu" durch das Wort „erneut" zu ersetzen.

2. Bekm., betr. allgemeine polizeiliche Bestimmungen über die Anlegung von Schiffsdampfkesseln vom 17. Dezember 1908 (RGBl. 1909 S. 51) ist in den beigegebenen Materialvorschriften geändert und berichtigt durch

Bekm., betr. Ergänzung der Materialvorschrift für Land- und Schiffsdampfkessel vom 2. März 1912 (RGBl. S. 188).

— — — — — — — —

4. zur Berichtigung der in den §§ 12 der unter Nr. 2 und 4 erwähnten beiden Bekanntmachungen vom 17. Dezember 1908 (RGBl. 1909 S. 3 u. 51) Abs. 1 auf Zeile 8 das Wort „neu" durch das Wort „erneut" zu ersetzen.

Ia. Zu §§ 34, 38, 53, 75a, § 148 Ziffer 8, § 149 Ziffer 7a der Gewerbeordnung.

Stellenvermittlergesetz vom 2. Juni 1910 (RGBl. 860).

Wir Wilhelm, von Gottes Gnaden Deutscher Kaiser, König von Preußen rc.

verordnen im Namen des Reichs, nach erfolgter Zustimmung des Bundesrats und des Reichstags, was folgt:

§ 1. Stellenvermittler im Sinne dieses Gesetzes ist, wer gewerbsmäßig

1. die Vermittlung eines Vertrages über eine Stelle betreibt,
2. Gelegenheit zur Erlangung einer Stelle nachweist und sich zu diesem Zwecke mit Arbeitgebern oder Arbeitnehmern in besondere Beziehungen setzt.

§ 2. Wer das Gewerbe eines Stellenvermittlers betreiben will, bedarf dazu einer Erlaubnis der von der Landeszentralbehörde bezeichneten Behörde.

Die Erlaubnis ist zu versagen, wenn

1. Tatsachen vorliegen, welche die Unzuverlässigkeit des Nachsuchenden in bezug auf den beabsichtigten Gewerbebetrieb oder auf seine persönlichen Verhältnisse dartun,
2. ein Bedürfnis nach Stellenvermittlern nicht vorliegt. Ein Bedürfnis ist insbesondere nicht anzuerkennen, soweit für den Ort oder den wirtschaftlichen Bezirk ein öffentlicher gemeinnütziger Arbeitsnachweis in ausreichendem Umfang besteht.

Bei der Erteilung der Erlaubnis sind die Berufe zu bezeichnen, in denen die Vermittlung von Stellen stattfinden darf.

§ 3. Wer das Gewerbe eines Stellenvermittlers betreibt, darf Gastwirtschaft, Schankwirtschaft, Kleinhandel mit geistigen Getränken gewerbsmäßige Vermietung von Wohn- oder Schlafstellen, Handel mit Kleidungs-, Gebrauchs-, Genuß- oder Verzehrungsgegenständen oder mit Lotterielosen, das Barbier- oder das Friseurgewerbe, das Geschäft eines Geldwechslers, Pfandleihers oder Pfandvermittlers weder selbst noch durch andere betreiben.

Der Stellenvermittler darf mit anderen Gewerbetreibenden der im Abs. 1 bezeichneten Art nicht so in Geschäftsverbindung treten, daß er sich für die Ausübung seiner Tätigkeit von ihnen Vergütungen irgendwelcher Art gewähren oder versprechen läßt. Diese Vorschrift gilt nicht, wenn die Tätigkeit des Stellenvermittlers für den eigenen Betrieb des Gewerbetreibenden in Anspruch genommen wird.

Wer das Gewerbe eines Stellenvermittlers betreibt, darf diese Tätigkeit nicht zu Anpreisungen für andere eigene oder fremde Gewerbebetriebe benutzen.

Der Stellenvermittler darf den Stellensuchenden nicht verpflichten oder anhalten, aus seinem oder einem von ihm bezeichneten Gewerbebetrieb oder Handelsgeschäfte Waren zu entnehmen.

Der Stellenvermittler darf zu dem Arbeitgeber in keinem Dienst- oder Abhängigkeitsverhältnisse stehen.

§ **4.** Verträge, durch die sich ein Arbeitnehmer oder Arbeitgeber verpflichtet oder verpflichtet hat, sich auch in späteren Fällen der Mitwirkung eines bestimmten gewerbsmäßigen Stellenvermittlers zu bedienen, sind nichtig.

§ **5.** Für die den Stellenvermittlern zukommenden Gebühren werden von der Landeszentralbehörde oder den von ihr bezeichneten Behörden nach Anhören des Trägers des öffentlichen Arbeitsnachweises, von Vertretern der Stellenvermittler, der Arbeitgeber und Arbeitnehmer Taxen festgesetzt.

Eine Gebühr darf nur erhoben werden, wenn der Vertrag infolge der Tätigkeit des Vermittlers zustande kommt. Haben beide Teile diese Tätigkeit in Anspruch genommen, so ist die Gebühr von dem Arbeitgeber und dem Arbeitnehmer je zur Hälfte zu zahlen; eine entgegenstehende Vereinbarung zu Ungunsten des Arbeitnehmers ist nichtig.

Neben den Gebühren dürfen Vergütungen anderer Art nicht erhoben werden. Die Erstattung barer Auslagen darf nur insoweit gefordert werden, als sie auf Verlangen und nach Vereinbarung mit dem Auftraggeber verwendet und als notwendig hinreichend nachgewiesen sind.

Die Stellenvermittler sind verpflichtet, dem Stellensuchenden vor

Abschluß des Vermittlungsgeschäfts die für ihn zur Anwendung kommende Taxe mitzuteilen. Die Taxe ist in den Geschäftsräumen an einer in die Augen fallenden Stelle anzuschlagen.

Die Vorschriften des Abs. 2 gelten nicht für die Herausgabe von Stellen- und Vakanzenlisten.

§ 6. Die Stellenvermittler dürfen Dienstbücher (Gesindebücher), Arbeitsbücher, Zeugnisse, Ausweispapiere und sonstige Gegenstände, die aus Anlaß der Stellenvermittlung in ihren Besitz gelangt sind, gegen den Willen des Eigentümers nicht zurückbehalten, insbesondere an solchen Gegenständen ein Zurückbehaltungs- oder Pfandrecht nicht ausüben.

§ 7. Stellenvermittler, welche für weibliche Personen Stellen im Ausland vermitteln, haben der für ihren Gewerbebetrieb zuständigen Polizeibehörde ein Verzeichnis der Namen dieser Personen und der ihnen vermittelten Stellen nach näherer Anordnung regelmäßig vorzulegen.

§ 8. Die Landeszentralbehörde kann weitere Bestimmungen über den Umfang der Befugnisse und Verpflichtungen sowie über den Geschäftsbetrieb der Stellenvermittler erlassen.

§ 9. Die Erlaubnis zum Gewerbebetriebe des Stellenvermittlers ist zurückzunehmen, wenn sich aus Handlungen oder Unterlassungen des Stellenvermittlers dessen Unzuverlässigkeit in bezug auf den Gewerbebetrieb oder seine persönlichen Verhältnisse ergibt.

Unter der gleichen Voraussetzung ist der Gewerbebetrieb Stellenvermittlern, die ihn vor dem 1. Oktober 1900 begonnen haben, zu untersagen. Die Untersagung wirkt für das ganze Gebiet des Reichs.

Die Unzuverlässigkeit ist stets anzunehmen, wenn der Stellenvermittler wiederholt bestraft ist, weil er die festgesetzte Gebührentaxe überschritten oder sich außer den taxmäßigen Gebühren Vergütungen anderer Art von dem Arbeitnehmer oder dem Arbeitgeber hat gewähren oder versprechen lassen, oder weil er dem Verbote der § 3, § 12 Abs. 1 Ziffer 5 zuwider gehandelt hat. Der Träger des öffentlichen Arbeitsnachweises ist berechtigt, selbständig Antrag auf Entziehung der Erlaubnis zu stellen.

§ 10. Der Bescheid, durch den die Erlaubnis versagt oder zurückgenommen oder der Gewerbebetrieb untersagt wird, kann im Wege des Verwaltungsstreitverfahrens angefochten werden; wo ein solches nicht besteht, gelten die §§ 20, 21 der Gewerbeordnung.

§ 11. Ein Abdruck dieses Gesetzes muß auf jedem deutschen Kauffahrteischiff im Volkslogis zur jederzeitigen Einsicht der Schiffsleute vorhanden sein.

§ 12. Mit Geldstrafe bis zu sechshundert Mark oder mit Haft wird bestraft ein Stellenvermittler, der

1. den Gewerbebetrieb ohne die vorgeschriebene Erlaubnis unternimmt oder fortsetzt,
2. einen nach § 3 Abs. 1 ihm verbotenen Gewerbebetrieb unternimmt oder fortsetzt, oder der sich von Gewerbetreibenden der dort bezeichneten Art für die Ausübung seiner Tätigkeit verbotene Vergütungen irgendwelcher Art gewähren oder versprechen läßt,
3. seine Tätigkeit zu Anpreisungen für eigene oder fremde Gewerbebetriebe benutzt, oder den Stellensuchenden verpflichtet oder anhält, aus seinem oder einem von ihm bezeichneten Gewerbebetrieb oder Handelsgeschäfte Waren zu entnehmen,
4. die amtlich festgesetzte Taxe überschreitet, oder sich außer den taxmäßigen Gebühren Vergütungen anderer Art von dem Arbeitnehmer oder dem Arbeitgeber gewähren oder versprechen läßt (§ 5 Abs. 1 bis 3),
5. es unternimmt, einen Arbeitnehmer zum Bruche eines eingegangenen Arbeitsvertrags zu verleiten.

Die gleiche Strafe trifft Gewerbetreibende der im § 3 Abs. 1 bezeichneten Art, die es unternehmen, einen Stellenvermittler durch Gewährung oder Versprechung von Vergütungen irgendwelcher Art zu einer den Interessen des Arbeitnehmers widerstreitenden Ausübung der Vermittlertätigkeit zu bestimmen.

War der Täter wegen der im Abs. 1, 2 bezeichneten Zuwiderhandlungen rechtskräftig verurteilt worden und begeht er innerhalb fünf Jahren wiederum eine solche Zuwiderhandlung, so wird er mit Geldstrafe von einhundert bis sechshundert Mark oder mit Haft bestraft.

§ **13.** Mit Geldstrafe bis zu einhundertfünfzig Mark oder mit Haft wird bestraft:

1. ein Stellenvermittler, der den Vorschriften des § 5 Abs. 4, der §§ 6, 7 oder den im § 8 bezeichneten Bestimmungen zuwiderhandelt,
2. ein Stellenvermittler oder ein Gewerbetreibender der im § 3 Abs. 1 bezeichneten Art, der im Inland den von einer zuständigen Behörde erlassenen Bestimmungen zur Verhinderung des vorzeitigen Betretens einlaufender Schiffe und des Anbordbringens von geistigen Getränken zuwiderhandelt,
3. ein Kapitän, der im Inland den Bestimmungen einer zuständigen Behörde, im Ausland den Anordnungen eines Seemannsamts zuwider Stellenvermittler oder Gewerbetreibende der im § 3 Abs. 1 bezeichneten Art an Bord läßt oder an Bord duldet,
4. ein Kapitän, der es unterläßt, dafür zu sorgen, daß ein Abdruck dieses Gesetzes im Volkslogis zugänglich ist (§ 11).

In den Fällen des Abs. 1 Nr. 3, 4 sind im Ausland für die Festsetzung der Strafe und für das weitere Verfahren die Vorschriften der §§ 5, 122 bis 125 der Seemannsordnung anzuwenden.

§ **14.** Auf den Gewerbebetrieb des Stellenvermittlers finden die Vorschriften der Gewerbeordnung insoweit Anwendung, als nicht in diesem Gesetze besondere Bestimmungen getroffen sind.

§ **15.** Die Landeszentralbehörde kann bestimmen, inwieweit die Vorschriften der §§ 3, 5 auf nicht gewerbsmäßig betriebene Stellen- oder Arbeitsnachweise anzuwenden sind, und weitere Bestimmungen über den Umfang der Befugnisse und Verpflichtungen sowie über den Betrieb dieser Nachweise erlassen.

§ **16.** Mit Geldstrafe bis zu einhundertfünfzig Mark oder mit Haft werden Leiter oder Angestellte eines nicht gewerbsmäßigen Stellen- oder Arbeitsnachweises bestraft, welche den auf Grund des § 15 getroffenen Bestimmungen zuwiderhandeln.

§ **17.** Sind innerhalb zweier Jahre wiederholt Leiter oder Angestellte eines nicht gewerbsmäßigen Stellen- oder Arbeitsnachweises wegen Übertretung nach § 16 rechtskräftig verurteilt, so können die

Landeszentralbehörde oder die von ihr bezeichneten Behörden den Betrieb untersagen. § 10 gilt entsprechend.

§ 18. Wer den Betrieb nach der Untersagung fortsetzt oder ohne Erlaubnis der untersagenden Behörde wieder aufnimmt, wird mit Geldstrafe bis zu sechshundert Mark oder mit Haft bestraft.

§ 19. Dieses Gesetz tritt am 1. Oktober 1910 in Kraft. Gleichzeitig treten außer Kraft:

das Gesetz, betreffend die Stellenvermittlung für Schiffsleute, vom 2. Juni 1902 (RGBl. S. 215),

die auf die Gesindevermieter und Stellenvermittler bezüglichen Vorschriften der §§ 34, 38, 53, 75a, § 148 Ziffer 8, §149 Ziffer 7a der Gewerbeordnung.

III. Zu §§ 44 Abs. 2 u. 3, 56d u. 60 Abs. 4.

Bekm., betr. Ausführungsbestimmungen zur GO. vom 27. Nov. 1896 (RGBl. S. 745), wozu Bekm., betr. die Änderung der Formulare B und C der Wandergewerbescheine vom 13. Januar 1909 (RGBl. 259) ist geändert durch:

Bekanntmachung, betreffend Ausführungsbestimmung zur Gewerbeordnung vom 4. März 1912 (RGBl. 189).

Auf Grund des § 44 Abs. 1, 2, 3, § 60 Abs. 4 der Gewerbeordnung hat der Bundesrat in Abänderung der durch Bekanntmachungen des Reichskanzlers vom $\frac{\text{27. November 1896}}{\text{13. Januar 1909}}$ (RGBl. $\frac{745}{259}$) veröffentlichten Ausführungsbestimmungen zur Gewerbeordnung beschlossen:

1. Abschnitt I „Geschäftsbetrieb der Handlungsreisenden".

Es ist folgende Ziffer 3 anzufügen:

„3. Die Bestimmungen unter Ziffer 1 und 2 finden auf Handlungsagenten, die ein stehendes Gewerbe betreiben,

„[Seite 3.]

§ 461 Abs. 4 der Reichsversicherungsordnung.	Grundlohn: ....
	Wochenbeitrag für einen Versicherten: ....
	Landkrankenkasse *) / Allgemeine Ortskrankenkasse *) zu ....

*) Nichtzutreffendes zu durchstreichen.

Raum
für
die Photographie
des
Inhabers.

Stempel.

[Seite 4 bis 14 leeres Papier.]“

in Ansehung der Befugnis als Vermittler oder Vertreter des Geschäftsherrn den Ankauf von Waren vorzunehmen oder Bestellungen auf Waren zu suchen (§ 44 Abs. 1), Anwendung."

2. Abschnitt III „Formulare für Wandergewerbescheine".
Es ist folgender Zusatz anzufügen:
„Die für Seite 3 der Formulare A, B, C erforderliche Photographie ist in Visitenkartenformat unaufgezogen bei Stellung des Antrags auf Ausstellung eines Wandergewerbescheins beizubringen. Sie muß ähnlich und gut erkennbar sein, eine Kopfgröße von mindestens 1,5 Zentimeter haben und darf in der Regel nicht älter als fünf Jahre sein. Sie ist zu erneuern, wenn in dem Aussehen des Gewerbetreibenden eine wesentliche Veränderung eingetreten ist.
Bei gemeinsamen Wandergewerbescheinen (§ 60 d Abs. 3) genügt die Photographie des Unternehmrs, wenn ein Unternehmer nicht vorhanden ist, die eines Mitglieds."

3. Die Formulare A, B, C der Anlage II werden wie folgt geändert:
An Stelle der Worte: „[Seite 3 bis 14 leeres Papier.]" bei Formular A und C sowie der Worte „[Seite 3 bis 6 leeres Papier.]" bei Formular B
ist bei Formular A und C zu setzen:

(siehe Formular S. 26)

bei Formular B derselbe Wortlaut, nur statt 4 bis 14: „4 bis 6".

4. Vorstehende Bestimmungen gelten zuerst für das Jahr 1913.

III a. Zu Titel VII: Gewerbliche Arbeiter.

Hausarbeitgesetz vom 20. Dezember 1911 (RGBl. 976).

Wir Wilhelm, von Gottes Gnaden Deutscher Kaiser, König von Preußen rc.

verordnen im Namen des Reichs, nach erfolgter Zustimmung des Bundesrats und des Reichstags, was folgt:

§ 1. Für Werkstätten, in denen

1. jemand ausschließlich zu seiner Familie gehörige Personen gewerblich beschäftigt,
2. eine oder mehrere Personen gewerbliche Arbeit verrichten, ohne von einem den Werkstattbetrieb leitenden Arbeitgeber beschäftigt zu sein,

gelten neben den bestehenden reichsrechtlichen Vorschriften die Vorschriften dieses Gesetzes. Ausgenommen bleiben Werkstätten, in denen ausschließlich für den persönlichen Bedarf des Bestellers oder seiner Angehörigen gearbeitet wird.

Die im Abs. 1 Nr. 1, 2 bezeichneten Personen soweit sie nicht nach Satz 2 ausgenommen sind, gelten als Hausarbeiter im Sinne der folgenden Vorschriften.

§ 2. Im Sinne dieses Gesetzes gelten als

1. Werkstätten neben den Werkstätten im Sinne des § 105 b Abs. 1 der Gewerbeordnung Räume, die zum Schlafen, Wohnen oder Kochen dienen, wenn darin gewerbliche Arbeit verrichtet wird, sowie im Freien gelegene gewerbliche Arbeitstellen,
2. gewerbliche Beschäftigung oder Arbeit jede Tätigkeit, die als gewerblich im Sinne der Geweordnung anzusehen ist,
3. Gewerbe die Gewerbe im Sinne der Gewerbeordnung,
4. Gewerbeaufsichtsbeamte die Gewerbeaufsichtsbeamten im Sinne des § 139 b der Gewerbeordnung.

§ 3. In denjenigen Räumen, in welchen Arbeit für Hausarbeiter ausgegeben oder Arbeit solcher Personen abgenommen wird, muß, soweit es sich nicht um Werkstätten der im § 1 Abs. 1 Satz 2 bezeichneten Art handelt, den Hausarbeitern durch offene Auslage von Lohnverzeichnissen oder Aushängen von Lohntafeln die Möglichkeit gegeben sein, sich über die für die einzelnen in diesen Räumen zur Ausgabe gelangenden Arbeiten jeweilig gezahlten Löhne zu unterrichten. Für das Ausarbeiten neuer Muster gilt diese Bestimmung nicht.

Der Bundesrat kann zur Ausführung dieser Bestimmung nähere Anordnungen erlassen, gegebenenfalls für einzelne Bezirke. Er kann für bestimmte Gewerbezweige oder Betriebsarten auf Antrag Beteiligter Ausnahmen gewähren.

Der Bundesrat kann vorschreiben, daß, soweit das Arbeitsentgelt in Preisen zum Ausdruck kommt, die Preise gemäß Abs. 1, 2 bekanntgegeben werden.

Die Bestimmungen des Bundesrats werden durch das Reichs-Gesetzblatt veröffentlicht und dem Reichstag zur Kenntnisnahme vorgelegt.

§ 4. Wer Arbeit für Hausarbeiter ausgibt, ist, soweit nicht die Ausgabe in Werkstätten der im § 1 Abs. 1 Satz 2 bezeichneten Art stattfindet, verpflichtet, hierbei denjenigen, welche die Arbeit entgegennehmen, auf seine Kosten Lohnbücher oder Arbeitszettel auszuhändigen, welche Art und Umfang der Arbeit sowie die dafür festgesetzten Löhne oder Preise enthalten. Für das Ausarbeiten neuer Muster gilt diese Bestimmung nicht.

Für einzelne Gewerbezweige, Betriebsarten oder besondere Gruppen von Betrieben oder Hausarbeitern kann der Bundesrat auf Antrag Beteiligter Ausnahmen gewähren.

Soweit der Bundesrat auf Grund von § 114a der Gewerbeordnung Lohnbücher oder Arbeitszettel vorgeschrieben hat, gelten die Vorschriften des Abs. 1, 2 nicht.

§ 5. Die zuständige Polizeibehörde kann auf Antrag des Gewerbeaufsichtsbeamten durch Verfügung für einzelne Gewerbebetriebe hinsichtlich der Einrichtung der Betriebsstätte und der Regelung des Betriebs in den im § 3 Abs. 1 bezeichneten Räumen anordnen, was zur Vermeidung einer durch die Natur des Betriebs nicht gerechtfertigten Zeitversäumnis der Hausarbeiter bei der

Empfangnahme oder Ablieferung von Arbeit erforderlich und nach der Natur der Anlage ausführbar erscheint. Für die Ausführung ist eine angemessene Frist zu setzen.

Für Betriebe, die bei Erlaß dieses Gesetzes bereits bestehen, sind solange sie nicht erweitert oder wesentlich verändert werden, nur solche Anforderungen zulässig, welche ohne unverhältnismäßige Aufwendungen ausführbar sind.

Gegen die Verfügung ist binnen zwei Wochen die Beschwerde an die höhere Verwaltungsbehörde zulässig; diese entscheidet endgültig.

§ 6. Soweit sich in einzelnen Gewerbezweigen aus der Art der Beschäftigung Gefahren für Leben, Gesundheit oder Sittlichkeit ergeben, kann auf Antrag des Gewerbeaufsichtsbeamten die zuständige Polizeibehörde durch Verfügung für einzelne Werkstätten diejenigen Maßnahmen anordnen, welche zur Durchführung der folgenden Grundsätze erforderlich sind:

1. Die Werkstätten, einschließlich der Betriebsvorrichtungen, Maschinen und Gerätschaften sind so einzurichten und zu unterhalten, daß die Hausarbeiter gegen Gefahren für Leben und Gesundheit so weit geschützt, wie es die Natur des Betriebs gestattet.

   Insbesondere ist für genügendes Licht, ausreichenden Luftraum und Luftwechsel, Beseitigung des bei dem Betrieb entstehenden Staubes, der dabei entwickelten Dünste und Gase sowie der dabei entstehenden Abfälle zu sorgen.

   Zum Schutze gegen gefährliche Berührungen mit Maschinen oder Maschinenteilen sowie gegen andere in der Natur der Betriebsstätte oder des Betriebs liegende Gefahren sind die erforderlichen Vorrichtungen herzustellen.

2. Auf Gesundheit und Sittlichkeit der männlichen Hausarbeiter unter achtzehn Jahren und der Hausarbeiterinnen sind diejenigen besonderen Rücksichten zu nehmen, welche durch Alter und Geschlecht dieser Arbeiter geboten sind.

3. Arbeiten, bei denen dies zur Verhütung von Gefahren für Leben oder Gesundheit erforderlich ist, dürfen nur in solchen Räumen verrichtet werden, welche ausschließlich hierfür benutzt werden.

Zur Durchführung der Nr. 2 kann über die Vorschriften im § 5 Abs. 1, § 13 Abs. 1, 2 des Gesetzes, betreffend Kinderarbeit in gewerblichen Betrieben, vom 30. März 1903 (RGBl. S. 113) hinaus die Beschäftigung von eigenen oder fremden Kindern im Sinne jenes Gesetzes von der Vollendung eines höheren Lebensalters abhängig gemacht oder ganz verboten werden. Für andere Hausarbeiter unter 16 Jahren kann Beginn und Ende der zulässigen täglichen Arbeitszeit sowie Dauer und Lage der Pausen vorgeschrieben werden. Ferner kann die Beschäftigung an Sonn- und Festtagen sowie während der von dem ordentlichen Seelsorger für den Katechumenen-, Konfirmanden-, Beicht- und Kommunionunterricht bestimmten Stunden verboten werden.

§ 7. Soweit sich in einzelnen Gewerbezweigen, insbesondere solchen, welche der Herstellung, Verarbeitung oder Verpackung von Nahrungs- oder Genußmitteln dienen, Gefahren für die öffentliche Gesundheit ergeben, kann die zuständige Polizeibehörde durch Verfügung für einzelne Werkstätten anordnen, wie diese und die Lagerräume einschließlich der Betriebsvorrichtungen, Maschinen und Gerätschaften einzurichten und zu unterhalten sind, und wie der Betrieb zu regeln ist, um die Gefahren auszuschließen.

Außerdem kann die Polizeibehörde anordnen, daß Räume, in denen Nahrungs- oder Genußmittel hergestellt oder verarbeitet werden, zu bestimmten anderen Zwecken nicht benutzt werden dürfen.

Die Bestimmungen des Abs. 1, 2 finden auch auf die im § 1 Abs. 1 Satz 2 aufgeführten Werkstätten Anwendung.

§ 8. Soweit nicht die Anordnungen gemäß §§ 6, 7 die Beseitigung einer dringenden Gefahr bezwecken, ist für die Ausführung eine angemessene Frist zu lassen.

Für Betriebe, die bei Erlaß dieses Gesetzes bereits bestehen, sind, solange sie nicht erweitert oder wesentlich verändert werden, nur solche Anforderungen zulässig, welche zur Beseitigung erheblicher, Leben oder Gesundheit der Hausarbeiter oder die öffentliche Gesundheit gefährdender Mißstände erforderlich oder ohne unverhältnismäßige Aufwendungen ausführbar sind.

§ **9.** Die Verfügungen auf Grund der §§ 6, 7 sind an denjenigen zu richten, welcher das Verfügungsrecht über den als Werkstätte oder Lagerraum benutzten Raum hat.

Verfügungen zur Regelung des Betriebs auf Grund des § 7 Abs. 1 sind im Falle des § 1 Abs. 1 Nr. 2 an die Hausarbeiter zu richten.

Gegen die Verfügung ist binnen zwei Wochen die Beschwerde an die höhere Verwaltungsbehörde zulässig; diese entscheidet endgültig.

§ **10.** Der Bundesrat kann bestimmen, welchen Anforderungen in einzelnen Arten der in §§ 6, 7 bezeichneten Werkstätten oder Lagerräume zur Durchführung der dort aufgestellten Grundsätze zu genügen ist.

Er kann die Verrichtung solcher Arbeiten in der Hausarbeit verbieten, welche mit erheblichen Gefahren für Leben, Gesundheit oder Sittlichkeit der Hausarbeiter oder für die öffentliche Gesundheit verbunden sind.

Soweit nicht der Bundesrat Bestimmungen erläßt, kann die Landeszentralbehörde oder nach Anhören beteiligter Gewerbetreibender und Hausarbeiter die zuständige Polizeibehörde durch Polizeiverordnung sie erlassen.

Bundesrat und Landeszentralbehörde können ihre Bestimmungen auch für einzelne Bezirke erlassen.

Die Bestimmungen des Bundesrats werden durch das Reichs-Gesetzblatt veröffentlicht und dem Reichstag zur Kenntnisnahme vorgelegt.

§ **11.** Für die Beobachtung der auf Grund der §§ 6, 7, 10 getroffenen Anordnungen ist derjenige verantwortlich, welcher das Verfügungsrecht über den als Werkstätte oder Lagerraum benutzten Raum hat. Für die Beobachtung der Anordnungen zur Regelung des Betriebs auf Grund des § 7 Abs. 1, § 9 Abs. 2, § 10 sind in den Fällen des § 1 Abs. 1 Nr. 2 nur die Hausarbeiter selbst verantwortlich.

§ **12.** Sollen Verrichtungen in der Hausarbeit vorgenommen werden, hinsichtlich deren auf Grund des § 10 Abs. 1, 3 Bestimmungen erlassen sind, so hat dies der nach § 11 Satz 1 Verantwortliche vor dem Beginne der Beschäftigung unter Angabe der Lage der Werkstätte schriftlich der Ortspolizeibehörde anzuzeigen.

§ **13.** Gewerbetreibende, die außerhalb ihrer Arbeitsstätte in Werkstätten gewerbliche Arbeit verrichten lassen, sind verpflichtet,

1. ein Verzeichnis derjenigen Personen, welchen sie Hausarbeit ertragen oder durch welche außerhalb der Arbeitsstätte des Gewerbetreibenden die Übertragung erfolgt, unter Angabe der Betriebsstätte dieser Personen zu führen; das Verzeichnis ist auf Erfordern der Ortspolizeibehörde sowie den Gewerbeaufsichtsbeamten jederzeit zur Einsicht vorzulegen oder einzureichen,
2. sofern die Beschaffung eines Ausweises darüber vorgeschrieben ist, daß die Räume, in denen die Arbeit verrichtet wird, den an sie gestellten Anforderungen genügen, Hausarbeit nur für solche Werkstätten auszugeben, für welche ihnen dieser Ausweis vorgelegt wird.

Die entsprechende Verpflichtung liegt solchen Personen ob, welche ohne daß sie eine Arbeitsstätte besitzen, für Gewerbetreibende außerhalb deren Arbeitsstätte Arbeit an Hausarbeiter übertragen.

§ **14.** Durch Polizeiverordnung der zuständigen Polizeibehörde kann nach Anhören beteiligter Gewerbetreibender und Hausarbeiter bestimmt werden, wie die Verzeichnisse einzurichten und ob und in welchen Zwischenräumen sie in Urschrift oder in Abschrift den im § 13 Abs. 1 Nr. 1 bezeichneten Stellen einzureichen sind.

§ **15.** Für Gewerbezweige, die der Herstellung, Verarbeitung oder Verpackung von Nahrungs- oder Genußmitteln dienen, können durch Bestimmung auf Grund des § 10 Abs. 1, 3 Gewerbetreibende, die außerhalb ihrer Arbeitsstätte in Werkstätten gewerbliche Arbeit verrichten lassen, sowie die im § 13 Abs. 2 bezeichneten Personen verpflichtet werden, sich in angemessenen Zwischenräumen, mindestens halbjährlich, persönlich oder durch Beauftragte davon zu unterrichten, daß Einrichtung und Betrieb der Werkstätten den Anforderungen entsprechen.

§ **16.** Sofern zur Durchführung der §§ 7, 15 Bestimmungen auf Grund des § 10 erlassen sind, können sie durch Polizeiverordnung der zuständigen Polizeibehörde auf solche Betriebe ausgedehnt werden, in welchen Personen beschäftigt sind, die als gewerbliche Arbeiter im Sinne der Gewerbeordnung gelten.

§ **17.** Soweit nicht Bundesrat oder Landesregierung die Aufsicht anderweit regelt, gilt § 139b der Gewerbeordnung entsprechend.

Während der Nachtzeit darf eine Revision nur stattfinden, wenn Tatsachen den Verdacht begründen, daß gegen die auf Grund der §§ 6, 7, 10 erlassenen Bestimmungen verstoßen wird.

§ **18.** Der Bundesrat kann für bestimmte Gewerbezweige und Gebiete, in denen Hausarbeiter beschäftigt werden, die Errichtung von Fachausschüssen beschließen. Der Beschluß kann auch für bestimmte Teile des Reichs gefaßt werden. In dem Beschlusse sind die Gewerbezweige oder die Teile von Gewerbezweigen, für welche die Fachausschüsse errichtet werden, sowie Bezirk und Sitz der Ausschüsse zu bestimmen. In gleicher Weise können Abänderungen vorgenommen werden.

§ **19.** Die Fachausschüsse haben

1. die Staats- und Gemeindebehörden durch tatsächliche Mitteilungen und Erstattung von Gutachten zu unterstützen. Auf Ersuchen der Staats- und Gemeindebehörden haben sie bei Erhebungen über die gewerblichen und wirtschaftlichen Verhältnisse der in ihnen vertretenen Gewerbezweige in ihrem Bezirke mitzuwirken sowie Gutachten zu erstatten, insbesondere über:
   a) die Ausführung der §§ 3, 4, 10, 14 bis 16 dieses Gesetzes,
   b) die in ihrem Bezirke für die Auslegung von Verträgen und für die Erfüllung von Verbindlichkeiten zwischen Gewerbetreibenden und Hausarbeitern bestehende Verkehrssitte,
2. Wünsche und Anträge, die sich auf die gewerblichen und wirtschaftlichen Verhältnisse der in ihnen vertretenen Gewerbezweige in ihrem Bezirke beziehen, zu beraten,
3. Veranstaltungen und Maßnahmen, welche die Hebung der wirtschaftlichen Lage und der Wohlfahrt der Hausarbeiter zum Zwecke haben, anzuregen und auf Antrag der Vertreter der

hierfür getroffenen Einrichtungen an deren Verwaltung mitzuwirken,

4. auf Ersuchen der Staats- und Gemeindebehörden in geeigneter Weise, insbesondere durch Vernehmung beteiligter Gewerbetreibender und Hausarbeiter sowie von Auskunftspersonen, die Höhe des von den Hausarbeitern tatsächlich erzielten Arbeitsverdienstes zu ermitteln, dessen Angemessenheit zu begutachten und Vorschläge für die Vereinbarung angemessener Entgelte zu machen,
5. auch sonst den Abschluß von Lohnabkommen oder Tarifverträgen zu fördern.

§ **20.** Angelegenheiten, die lediglich die Verhältnisse eines einzelnen Betriebs betreffen, dürfen nicht in den Bereich der Tätigkeit der Fachausschüsse einbezogen werden.

§ **21.** Die Fachausschüsse bestehen aus der gleichen Zahl von Vertretern der beteiligten Gewerbetreibenden und Hausarbeiter sowie einem Vorsitzenden und zwei Beisitzern. Der Vorsitzende und die Beisitzer müssen die erforderliche Sachkunde besitzen. Der Vorsitzende darf weder Gewerbetreibender noch Hausarbeiter sein.

Sofern Hausarbeiterinnen in größerer Zahl beschäftigt werden, müssen sie auf Seite der Hausarbeiter angemessen vertreten sein.

§ **22.** Die Landeszentralbehörde bestimmt die Zahl der Vertreter. Sie ernennt den Vorsitzenden, die Beisitzer und nach Anhörung von beteiligten Gewerbetreibenden und Hausarbeitern je die Hälfte der Vertreter. Die andere Hälfte wird mit Stimmenmehrheit auf Seite der Gewerbetreibenden und der Hausarbeiter je von den ernannten Vertretern gewählt.

Erstreckt sich der Bezirk eines Fachausschusses über mehrere Bundesstaaten, so erfolgt die Ernennung nach Vereinbarung der beteiligten Landesregierungen.

§ **23.** Gutachten gemäß § 19 Nr. 1, 4 müssen unter Beteiligung der gleichen Zahl von Vertretern der Gewerbetreibenden und der Hausarbeiter beschlossen werden.

Bei der Beschlußfassung über die Erstattung der Gutachten ist zunächst für die Gruppen der Vertreter der Gewerbetreibenden und der Hausarbeiter eine gesonderte Abstimmung vorzunehmen. Ergibt die Abstimmung, daß sämtliche Vertreter der Gewerbetreibenden einerseits und sämtliche Vertreter der Hausarbeiter andrerseits einen entgegengesetzten Standpunkt einnehmen, so wird das Gutachten nicht erstattet. Beide Gruppen sind in diesem Falle ermächtigt, ihre Meinung und deren Begründung schriftlich niederzulegen und diese Aufzeichnung dem Vorsitzenden des Fachausschusses einzureichen. Das gleiche Recht hat in den Fällen, in denen ein gültiger Beschluß zustande gekommen ist, die Minderheit. Die Aufzeichnung ist von dem Vorsitzenden des Fachausschusses den Verhandlungen beizufügen und der beteiligten Behörde einzureichen.

§ **24.** Die weiteren Bestimmungen über die Errichtung und die Zusammensetzung der Fachausschüsse sowie über das Verfahren erläßt der Bundesrat.

§ **25.** Die Kosten der Fachausschüsse tragen die Bundesstaaten in deren Gebiet sie errichtet sind. Ist ein Fachausschuß für das Gebiet mehrerer Bundesstaaten errichtet, so werden die Kosten nach Vereinbarung der beteiligten Landesregierungen verteilt. Kommt eine Einigung nicht zustande, so entscheidet der Bundesrat.

Die Landesgesetzgebung kann bestimmen, wieweit Gemeinden, Kommunalverbände oder die gesetzlichen Handelsvertretungen ihre Geschäftsräume nebst Heizung und Beleuchtung den Fachausschüssen unentgeltlich zur Verfügung stellen müssen.

§ **26.** Welche Behörden unter der Bezeichnung:

höhere Verwaltungsbehörde, Polizeibehörde, Ortspolizeibehörde zu verstehen sind, wird von der Zentralbehörde jedes Bundesstaats für dessen Gebiet bekannt gemacht.

§ **27.** Der den Hausarbeitern gewährte Entgelt ist Vergütung für Arbeiten oder Dienste, welche auf Grund eines Arbeits- oder Dienstverhältnisses geleistet werden, im Sinne des Gesetzes, betreffend die Beschlagnahme des Arbeits- oder Dienstlohns.

§ **28.** Wer den zur Durchführung des § 6 Abs. 2 Satz 1 endgültig erlassenen Verfügungen oder gemäß § 10 Abs. 1, 3 getroffenen Bestimmungen zuwiderhandelt, wird bestraft,

1. wenn es sich um fremde Kinder handelt, mit Geldstrafe bis zu zweitausend Mark,

2. wenn es sich um eigene Kinder handelt, mit Geldstrafe bis zu einhundertfünfzig Mark.

Bei gewohnheitsmäßiger Zuwiderhandlung kann im Falle der Nr. 1 auf Gefängnisstrafe bis zu sechs Monaten, im Falle der Nr. 2 auf Haft erkannt werden.

Im Falle der Nr. 1 gilt § 75 des Gerichtsverfassungsgesetzes.

§ **29.** Mit Geldstrafe bis zu einhundertfünfzig Mark und im Unvermögensfalle mit Haft bis zu vier Wochen werden bestraft,

1. vorbehaltlich der Vorschrift im § 31, die im § 11 Satz 1 bezeichneten Personen, wenn sie den auf Grund des § 6 Abs. 1, Abs. 2 Satz 2, § 7 endgültig erlassenen Verfügungen oder den auf Grund des § 10 erlassenen Bestimmungen zuwiderhandeln,
2. wer außerhalb seiner Arbeitsstätte gewerbliche Arbeit in solchen Werkstätten der im § 1 bezeichneten Art verrichten läßt, von welchen er weiß, oder nach den Umständen annehmen muß, daß ihre Einrichtung oder ihr Betrieb den auf Grund des § 10 erlassenen Bestimmungen nicht entspricht.

War in den Fällen der Nr. 2 der Täter zur Zeit der Begehung der Straftat bereits zweimal wegen der gleichen Übertretung rechtskräftig verurteilt, so tritt Geldstrafe von dreißig bis zu dreihundert Mark oder Haft bis zu vier Wochen ein. Die Anwendung dieser Vorschrift bleibt ausgeschlossen, wenn seit der Rechtskraft der letzten Verurteilung bis zur Begehung der neuen Straftat drei Jahre verflossen sind.

§ **30.** Mit Geldstrafe bis zu dreißig Mark und im Unvermögensfalle mit Haft bis zu acht Tagen wird bestraft,

1. wer es unterläßt, den durch § 3 Abs. 1, §§ 4, 12, 13 für ihn begründeten Verpflichtungen nachzukommen,
2. wer den auf Grund des § 5 Abs. 1 endgültig erlassenen Verfügungen oder wer den auf Grund des § 3 Abs. 2 Satz 1, Abs. 3, § 14 getroffenen Bestimmungen zuwiderhandelt.

§ **31.** Mit Geldstrafe bis zu dreißig Mark werden diejenigen Hausarbeiter, die ausschließlich zu ihrer Familie gehörige Personen beschäftigen (§ 1 Abs. 1 Nr. 1), und die im § 1 Abs. 1 Nr. 2 bezeichneten Hausarbeiter bestraft, die den auf Grund des § 7 Abs. 1,

§ 9 Abs. 2, § 10 zur Regelung des Betriebs erlassenen Bestimmungen zuwiderhandeln.

Die gleiche Strafe trifft Hausarbeiter, die ausschließlich zu ihrer Familie gehörige Personen beschäftigen (§ 1 Abs. 1 Nr. 1), falls sie dulden, daß die von ihnen beschäftigten Familienangehörigen den zur Regelung des Betriebs erlassenen Bestimmungen zuwiderhandeln.

§ 32. Sind bei der Ausübung des Gewerbes polizeiliche Vorschriften von Personen übertreten worden, die der Gewerbetreibende zur Leitung des Betriebs oder eines Teiles davon oder zur Beaufsichtigung bestellt hatte, so trifft sie die Strafe.

Der Gewerbetreibende ist neben ihnen strafbar, wenn die Übertretung mit seinem Vorwissen begangen ist. Das Gleiche gilt, wenn er bei der nach den Verhältnissen möglichen eigenen Beaufsichtigung des Betriebs oder bei der Auswahl oder der Beaufsichtigung der Betriebsleiter oder Aufsichtspersonen es an der erforderlichen Sorgfalt hat fehlen lassen.

§ 33. Landesrechtliche Vorschriften, wodurch die Beschaffenheit der zum Wohnen oder zu gewerblichen Zwecken bestimmten Räume geregelt oder Gefahren für Leben oder Gesundheit abgewendet werden, bleiben unberührt, soweit nicht auf Grund dieses Gesetzes weitergehende Bestimmungen getroffen sind.

§ 34. Der Zeitpunkt, mit dem die §§ 3, 4 in Kraft treten, wird durch Kaiserliche Verordnung mit Zustimmung des Bundesrats bestimmt.

Im übrigen tritt das Gesetz am 1. April 1912 in Kraft.

V. Zu § 120e Arbeiterschutzvorschriften.

14. Bekm. des Reichskanzlers, betr. die Einrichtung und den Betrieb von Steinbrüchen und Steinhauereien (Steinmetzbetrieben) vom 31. Mai 1909 (RGBl. 471) mit der Änderung durch Bekm. vom 8. Dezember 1909 (RGBl. 971) ist anderweit geändert durch

Bekm., betr. die Einrichtung und den Betrieb von Steinbrüchen und Steinhauereien (Steinmetzbetrieben) vom 20. November 1911 (RGBl. 955).

Auf Grund des § 120 e der Gewerbeordnung hat der Bundesrat beschlossen, den § 10 Abs. 4 der (obigen) Bekanntmachung in nachstehender Weise abzuändern:

Die höhere Verwaltungsbehörde kann für ihren Bezirk oder Teile desselben widerruflich gestatten, daß Arbeiterinnen, die vor dem 1. Juli 1909 bei Abräumungsarbeiten sowie beim Transport oder Verladen von Abraum oder Abfall (Abs. 1, 3) verwendet wurden, bis auf weiteres mit diesen Arbeiten beschäftigt werden

Die Arbeitgeber, welche auf Grund einer Bewilligung der höheren Verwaltungsbehörde Arbeiterinnen mit den genannten Arbeiten über den 31. Dezember 1911 hinaus beschäftigen wollen, haben den zuständigen Gewerbeaufsichtsbeamten bis zum 1. Januar 1912 ein namentliches Verzeichnis dieser Arbeiterinnen unter Angabe ihres Wohnorts und Geburtstags einzureichen. Den Gewerbeaufsichtsbeamten sowie den Polizeibehörden ist auf ihr Ersuchen jederzeit Einblick in die Lohnlisten zu gewähren.

15. Bekanntmachung des Reichskanzlers, betr. die Einrichtung und den Betrieb gewerblicher Anlagen, in denen Thomasschlacke gemahlen oder Thomasschlackenmehl gelagert wird, vom 3. Juli 1909 (RGBl. 543), abgeändert durch Bekm. v. 17. Dezember 1909 (RGBl. 978), ist in den §§ 1, 9 u. 20 geändert durch

Bekm., betr. die Einrichtung und den Betrieb gewerblicher Anlagen, in denen Thomasschlacke gemahlen oder Thomasschlackenmehl gelagert wird, vom 23. Dezember 1911 (RGBl. 1153):

vergleiche HMBl. vom 6. Januar 1912 (HMBl. 20).

Auf Grund des § 120 e der Gewerbeordnung hat der Bundesrat beschlossen, den §§ 1, 9, 20 der Bekanntmachung, betreffend die Einrichtung und den Betrieb gewerblicher Anlagen, in denen Thomasschlacke gemahlen oder Thomasschlackenmehl gelagert wird, vom 3. Juli 1909 (RGBl. 543 und 978) nachstehende Fassung zu geben.

§ 1. Die Arbeitsräume, in denen Thomasschlacke zerkleinert oder gemahlen wird, und die Niederlagen von Thomasschlackenmehl müssen geräumig und so eingerichtet sein, daß in ihnen ein ausreichender Luftwechsel stattfindet.

Sie müssen mit einem dichten und festen Fußboden versehen sein, der eine leichte Beseitigung des Staubes gestattet.

§ 9. Säcke, in denen das Mehl verpackt, gelagert und versandt wird, dürfen keine geringere Stärke und Dichtigkeit haben als diejenigen, die im Handel als prima hessians Nr. 425 bezeichnet werden. Säcke, in denen das Mehl in Stapeln von mehr als 3,5 Meter Höhe gelagert oder auf dem Wasserwege versandt wird, dürfen keine geringere Stärke und Dichtigkeit als prima hessians Nr. 455 haben.

Die höheren Verwaltungsbehörden sind ermächtigt, nach Anhörung des zuständigen Gewerbeaufsichtsbeamten solchen Betrieben, in denen das Abfüllen (Absacken) des Thomasschlackenmehls so weit, wie es technisch möglich ist, staubfrei erfolgt, und deren sonstige Staubbeseitigungs- und hygienische Einrichtungen einwandfrei sind, widerruflich zu gestatten, daß sie zum Verpacken desjenigen Schlackenmehls, welches sogleich nach dem Absacken durch die Eisenbahn oder auf dem Landweg unmittelbar an die das Mehl verbrauchenden Landwirte gesandt wird, Säcke verwenden, deren Stärke und Dichtigkeit nicht geringer sind als die der prima hessians Nr. 365.

Die Lagerung von Mehl in Säcken muß, sofern sie nicht nur vorübergehend erfolgt, in besonderen, von anderen Betriebsräumen getrennten Räumen geschehen. In den Mühlräumen dürfen höchstens die Säcke der letzten Tagesproduktion verbleiben.

Sackstapel dürfen nur auf festem, ebenem Fußboden und unter sachkundiger Aufsicht oder von sachkundigen Personen aufgebaut werden. Die Stapel sind an freiliegenden Ecken in der äußeren Lage tunlichst im Verband, im übrigen in Stufen von nicht mehr als fünf Sack oder mindestens unter Innehaltung eines Böschungswinkels auszuführen. Das Abtragen der Säcke ist von oben herab und gleichfalls nur unter sachkundiger Aufsicht oder von sachkundigen Personen stufenförmig oder unter Innehaltung eines Böschungswinkels zu bewirken. Das Herausziehen von Säcken aus unteren Lagen ist zu verbieten.

§ 20. Die vorstehenden Bestimmungen treten sofort in Kraft und an die Stelle der durch die Bekanntmachungen des Reichskanzlers vom 25. April 1899 und 15. November 1903 verkündeten Vorschriften über die Einrichtung und den Betrieb gewerblicher Anlagen, in denen Thomasschlacke gemahlen oder Thomasschlackenmehl gelagert wird.

Die Bestimmungen der § 1, § 9 Abs. 3, der §§ 12, 13, 17, 18, 19 finden keine Anwendung auf solche Niederlagen von Thomasschlackenmehl, in denen dieses dauernd in geschlossenen Säcken verbleibt, und die nicht mit einer Anlage verbunden sind, in der Thomasschlacke zerkleinert wird.

Bis zum 31. Dezember 1912 können zum Verpacken, Lagern und zum Versand von Thomasschlackenmehl noch Säcke verwandt werden, die den Vorschriften des § 9 Abs. 1 nicht entsprechen

---

VII. Zu § 139a allein. Schutzvorschriften für Arbeiterinnen und jugendliche Arbeiter.

1. Bekanntmachung des Reichskanzlers, betr. die Beschäftigung von Arbeiterinnen auf Steinkohlenbergwerken, Zink- und Bleierzbergwerken im Regierungsbezirke Oppeln vom 24. März 1892 (RGBl. 331), abgeändert durch die Bekm. vom 11. März 1897 (RGBl. 25), v. 20. März 1902 (RGBl. 77) u. v. 12. April 1907 (RGBl. 93) ist ergänzt durch

Bekm., betr. die Beschäftigung von Arbeiterinnen auf Steinkohlenbergwerken, Zink- und Bleierzbergwerken im Regierungsbezirk Oppeln vom 24. November 1911 (RGBl. 956):

Auf Grund des § 139a der Gewerbeordnung hat der Bundesrat die nachstehende Bestimmung erlassen:

Die Beschäftigung von Arbeiterinnen auf Steinkohlenbergwerken, Zink- und Bleierzbergwerken im Regierungsbezirk Oppeln in Gemäßheit der Ziffern II und III der Bestimmungen über die Beschäftigung von Arbeiterinnen auf Steinkohlenbergwerken, Zink- und Bleierzbergwerken und auf Kokereien im Regierungsbezirk Oppeln (Bekanntmachung vom 24. März 1892, RGBl. 331) und in Gemäßheit der hierzu ergangenen Bestimmungen, betreffend die Beschäftigung von Arbeiterinnen auf Steinkohlenbergwerken, Zink- und Bleierzbergwerken im Regierungsbezirk Oppeln (Bekanntmachung vom 20. März 1902, RGBl. 77) wird unter den daselbst bezeichneten Bedingungen und mit der am Schlusse der Bekanntmachung, betreffend die Beschäftigung von Arbeiterinnen auf Steinkohlenbergwerken, Zink- und Bleierzbergwerken im Regierungsbezirk Oppeln vom 12. April 1907 (RGBl. 93) angegebenen Maßgabe, sowie mit der weiteren Maßgabe, daß die Vorschriften des § 154a Abs. 2 Satz 2 und des Artikel 5 Abs. 1 Satz 1 des Gesetzes vom 28. Dezember 1908, betreffend die Abänderung der Gewerbeordnung (RGBl. 667) unberührt bleiben bis zum 1. April 1922 nachgelassen.

2. Bekm. des Reichskanzlers, betr. die Beschäftigung von Arbeiterinnen und jugendlichen Arbeitern in Rohzuckerfabriken, Zuckerraffinerien und Melasseentzuckerungsanstalten vom 5. März 1902 (RGBl. 72) ist ersetzt durch

Bekm. des Reichskanzlers, betr. die Beschäftigung von Arbeiterinnen und jugendlichen Arbeitern in Rohzuckerfabriken, Zuckerraffinerien und Melasseentzuckerungsanstalten, vom 24. November 1911 (RGBl. 958):

Auf Grund des § 120e der Gewerbeordnung hat der Bundesrat die nachstehenden Bestimmungen, betreffend die Beschäftigung von Arbeiterinnen und jugendlichen Arbeitern in Rohzuckerfabriken, Zuckerraffinerien und Melasseentzuckerungsanstalten, erlassen.

I. Die Beschäftigung von Arbeiterinnen und jugendlichen Arbeitern in Rohzuckerfabriken, Zuckerraffinerien und Melasseentzuckerungsanstalten unterliegt folgenden Beschränkungen:

1. Arbeiterinnen und jugendliche Arbeiter dürfen zur Bedienung der Rübenschwemmen, der Rübenwäschen und der Fahrstühle sowie zum Transport der Rüben und Rübenschnitzel in schwer zu bewegenden Wagen nicht verwendet werden.
2. Im Füllhaus, in den Zentrifugenräumen, den Kristallisationsräumen, den Trockenkammern, den Maischräumen den Räumen zum Decken des Brotzuckers, den Nutschräumen, den Trockenanlagen der Strontianziegeleien sowie an anderen Arbeitsstellen, an welchen eine außergewöhnlich hohe Wärme herrscht, darf Arbeiterinnen und jugendlichen Arbeitern während der Dauer des Betriebs eine Beschäftigung nicht gewährt und der Aufenthalt nicht gestattet werden.
3. In denjenigen Räumen, in welchen Arbeiterinnen oder jugendliche Arbeiter beschäftigt werden, ist neben der nach § 138 Abs. 2 der Gewerbeordnung auszuhängenden Tafel an geeigneter Stelle eine zweite Tafel auszuhängen, welche in deutlicher Schrift die vorstehenden Bestimmungen wiedergibt.

II. Die vorstehenden Bestimmungen treten am 1. April 1912 in Kraft und an die Stelle der durch die Bekanntmachung des Reichskanzlers vom 5. März 1902 (RGBl. 72) verkündeten Bestimmungen, betreffend die Beschäftigung von Arbeiterinnen und jugendlichen Arbeitern in Rohzuckerfabriken, Zuckerraffinerien und Melasseentzuckerungsanstalten.

5. Bekm. des Reichskanzlers, betr. die Beschäftigung von Arbeiterinnen in Meiereien (Molkereien) und Betrieben zur Sterilisierung von Milch v. 10. Juni 1904 (RGBl. 217) ist ersetzt durch

Bekm. des Reichskanzlers, betr. die Beschäftigung von Arbeiterinnen in Meiereien (Molkereien) und Betrieben zur Sterilisierung von Milch, v. 4. Juni 1910 (RGBl. 868):

(Vgl. HME. v. 18. Juni 1910, HMBl. 342.)

Auf Grund der § 139 a, § 154 Abs. 3 der Gewerbeordnung hat der Bundesrat die nachstehenden Bestimmungen über die Beschäftigung von Arbeiterinnen in denjenigen Meiereien (Molkereien) und Betrieben zur Sterilisierung von Milch, in welchen in der Regel mindestens zehn Arbeiter beschäftigt werden, oder durch elementare Kraft (Dampf, Wasser, Gas, Luft, Elektrizität usw.) bewegte Triebwerke nicht bloß vorüber gehend zur Verwendung kommen, erlassen:

I. In Meiereien (Molkereien) und Betrieben zur Sterilisierung von Milch dürfen für die Beschäftigung von Arbeiterinnen über sechzehn Jahre die Bestimmungen im § 137 Abs. 1 der Gewerbeordnung und unter Ziffer 5 Abs. 1 der Bekanntmachung vom 13. Juli 1900 (RGBl. 566) mit folgenden Maßgaben außer Anwendung bleiben:

1. die Arbeitsstunden müssen zwischen vier Uhr morgens und neun Uhr abends liegen;
2. denjenigen Arbeiterinnen, welche abends nach acht Uhr beschäftigt werden, ist an Stelle der nach § 137 Abs. 3 der Gewerbeordnung und nach Ziffer 5 Abs. 3 der Bekanntmachung vom 13. Juli 1900 (RGBl. 566) zu gewährenden Pause um Mittag eine mindestens dreistündige Pause zu gewähren.

II. In Meiereien (Molkereien) und Betrieben zur Sterilisierung von Milch, die von der unter I gewährten Ausnahme Gebrauch machen, muß an einer in die Augen fallende Stelle eine Tafel ausgehängt werden, die in deutlicher Schrift die vorstehenden Bestimmungen wiedergibt.

Die Vorschriften im § 138 Abs. 2 Satz 2 der Gewerbeordnung und unter Ziffer 6 Abs. 2 der Bekanntmachung vom 13. Juli 1900 (RGBl. 566) bleiben unberührt.

III. Die vorstehenden Bestimmungen haben für zehn Jahre Gültigkeit. Sie treten am 1. Juli 1910 in Kraft und an Stelle der durch die Bekanntmachung des Reichskanzlers vom 10. Juni 1904 (RGBl. 217) verkündeten Bestimmungen.

B. Ausführungsbestimmungen für Preußen.

Ia. Verordnung zur Ausführung des Stellenvermittlergesetzes vom 2. Juni 1910 (RGBl. 860) vom 25. Juli 1910 (GS. 155).

Wir Wilhelm, von Gottes Gnaden König von Preußen 2c., verordnen zur Ausführung des Stellenvermittlergesetzes vom 2. Juni 1910 (RGBl. 860) auf Grund des § 121 des Gesetzes über die Zuständigkeit der Verwaltungs- und Verwaltungsgerichtsbehörden vom 1. August 1883 (GS. 237), was folgt:

§ 1. Über die Anträge auf Erteilung der Erlaubnis zum Gewerbebetrieb eines Stellenvermittlers beschließt, vorbehaltlich der Ausnahme im § 2, nach Anhörung der Ortspolizeibehörde der Kreis- (Stadt-) Ausschuß. Wird von der Ortspolizeibehörde Widerspruch erhoben, so darf die Erlaubnis nur auf Grund mündlicher Verhandlung im Verwaltungsstreitverfahren erteilt werden.

Wird die Erlaubnis versagt, so steht dem Antragsteller binnen zwei Wochen der Antrag auf mündliche Verhandlung im Verwaltungsstreitverfahren vor dem Kreis- (Stadt-) Ausschusse zu.

Die Entscheidung des Bezirksausschusses ist endgültig.

In den zu einem Landkreise gehörenden Städten mit mehr als 10000 Einwohnern tritt an die Stelle des Kreisausschusses der Magistrat (kollegialische Gemeindevorstand).

§ 2. Über die Anträge auf Erteilung der Erlaubnis zum Gewerbebetrieb eines Stellenvermittlers für Bühnenangehörige beschließt der Bezirksausschuß. § 1 Abs. 1, 2 gilt entsprechend.

Im Landespolizeibezirke Berlin tritt an die Stelle des Bezirksausschusses der Polizeipräsident. Gegen seinen versagenden Bescheid findet binnen zwei Wochen die Klage beim Bezirksausschusse statt.

§ 3. Der Kreisausschuß, in Stadtkreisen und in den zu einem Landkreise gehörigen Städten mit mehr als 10000 Einwohnern der Bezirksausschuß, entscheidet auf Klage der Ortspolizeibehörde:

a) über die Zurücknahme der Erlaubnis zum Betriebe des Gewerbes eines Stellenvermittlers;

b) über die Untersagung des Gewerbetriebs solcher Stellenvermittler, welche ihn vor dem 1. Oktober 1900 begonnen haben;

c) über die Untersagung des Betriebs eines nicht gewerbsmäßigen Stellen- oder Arbeitsnachweises.

§ 4. Die Verordnung tritt am 1. Oktober 1910 in Kraft. Zu gleicher Zeit tritt die Verordnung vom 30. Juli 1900 (GS. 308), soweit sie das Gewerbe eines Gesindevermieters oder Stellenvermittlers betrifft, außer Kraft.

Gebühren der Stellenvermittler.
PrHMErl. v. 17. Juni 1910 (HMBl. 262).

Auf Grund des § 5 Abs. 1 des Stellenvermittlergesetzes vom 2. Juni 1910 (RGBl. 860) übertrage ich die Festsetzung der Gebührentaxen für Stellenvermittler, mit Ausnahme der Gebührentaxen der Stellenvermittler für Bühnenangehörige,

a) hinsichtlich der gewerbsmäßigen Stellenvermittler für Schiffsleute den Regierungspräsidenten,

b) hinsichtlich der übrigen gewerbsmäßigen Stellenvermittler den Ortspolizeibehörden.

Die Taxen sind als Gesamttaxen festzusetzen.

Als Anhalt für die Festsetzung der Taxen unter b können die Gebührentarife gelten, die die Stellenvermittler auf Grund des § 75a der Gewerbeordnung aufgestellt haben. Dabei ist jedoch zu beachten, daß bei der Beratung des Stellenvermittlergesetzes allgemeines Einverständnis darüber geherrscht hat, daß die gegenwärtigen Gebührentarife viel zu hoch seien und zu einer Ausbeutung der die Tätigkeit der Stellenvermittler in Anspruch nehmenden Personen führen. Es sind daher die jetzigen Sätze erheblich zu mindern, namentlich in den Fällen, wo in Hinblick auf gemeinnützige Stellennachweise ein Bedürfnis für eine gewerbsmäßige Stellenvermittlung nicht anerkannt werden kann.

Da das Stellenvermittlergesetz am 1. Oktober 1910 in Kraft tritt, ist das Erforderliche alsbald zu veranlassen.

Die Herren Regierungspräsidenten der Seeschiffahrtsbezirke haben die Gebührentarife für Stellenvermittler für Schiffsleute, die auf Grund des Erlasses vom 6. März 1903 (II b 1730) erlassen waren, mit den bisherigen Gebührensätzen von neuem zu erlassen, wobei darauf zu achten ist, daß der von den Bundesseestaaten vereinbarte und den beteiligten Herren Regierungspräsidenten seinerzeit übermittelte Maximalgebührentarif nicht überschritten werden darf.

Anlage.

Gebührentarif für Stellenvermittler für Schiffsleute, vereinbart von den Bundesseestaaten 1903.

1. Für Jungen (Schiffs- und Kochjungen) und die diesen gleich zu erachtenden Personen sowie für Aufwäscher bis zu 3 M.

2. Für Leichtmatrosen (Halbmann, Jungmann) und Kochsmaate bis zu 4 M.

3. Für Vollmatrosen, Bestleute, Quartermeister, Stewards, Stewardessen, Pantryleute, Heizer, Schmierer, Trimmer, Segelmacher, Netzmacher, zweiten Bäcker und alle übrigen nicht besonders aufgeführten Schiffsleute bis zu 6 M.

4. Für Bootsleute, Köche, Zimmerleute, Oberheizer, Maschinistenassistenten, Bäcker, Konditoren, Schlächter, Klempner, Schmiede, Tischler bis zu 8 M.

5. Für Maschinisten III. und IV. Klasse, Oberköche, Oberstewards bis zu 10 M.

6. Für Maschinisten II. Klasse, Steuerleute, Zahlmeister, Proviantmeister, Verwalter bis zu 12 M.

7. Für Maschinisten I. Klasse bis zu 18 M.

Wird dem Schiffsmann nach Beendigung einer Reise und im unmittelbaren Anschluß an dieselbe die Anheuerung auf demselben Schiffe vermittelt, so ermäßigt sich die Gebühr auf die Hälfte der unter 1 bis 7 festgesetzten Beträge.

Gebührentarif der Stellenvermittler für Bühnenangehörige.

PrHMErl. v. 19. August 1910 (HMBl. 473).

Auf Grund des § 5 Abs. 1 des Stellenvermittlergesetzes vom 2. Juni 1910 (RGBl. 860) bestimme ich nach Anhörung von Vertretern der Stellenvermittler, der Arbeitgeber und Arbeitnehmer, daß Stellenvermittler für Bühnenangehörige im Sinne der Vorschriften vom 17. August 1910 (HMBl. 465) für die Vermittlung einer Stelle nicht mehr als folgende Bruchteile der Gesamtvergütung (Gehalt, Spielgeld usw.) eines Bühnenangehörigen als Gebühr erheben dürfen:

I. Stellenvermittlung für Bühnenangehörige im engeren Sinne, d. h. für Personen, die bei der Aufführung dramatischer Werke künstlerisch oder technisch mitwirken:

A. bei Engagementsabschlüssen:

3% wenn die monatliche Vergütung bis 150 M.,

4% wenn die monatliche Vergütung mehr als 150 M. bis 300 M.,

5% wenn die monatliche Vergütung mehr als 300 M. beträgt;

B. bei Verträgen für Gastspiele, mit Ausnahme der Gastspiele mit unterlegtem Engagementsvertrage:

10% wenn der Bühnenangehörige für die einzelne Vorstellung eine Vergütung von mindestens 200 M. erhält,

5% wenn er weniger als 200 M. erhält.

II. Stellenvermittlung für sonstige Bühnenangehörige bei Engagementsabschlüssen sowie bei Gastspielen:

5% wenn die monatliche Vergütung bis 600 M.,

6% wenn die monatliche Vergütung mehr als 600 M. bis 900 M.,

8% wenn die monatliche Vergütung mehr als 900 M. bis 1500 M.,

10% wenn die monatliche Vergütung mehr als 1500 M. beträgt.

— Die Vergütung wird nach der einzelnen artistischen Nummer (Einzelartist oder Truppe) berechnet. —

III. Stellenvermittlung für Orchesterpersonal bei Gewerbebetrieben im Sinne der §§ 32 und 32a GewO. sowie für technisches und Chorpersonal:

2% wenn die monatliche Vergütung bis 400 M.,

5% wenn die monatliche Vergütung über 400 M. beträgt.

IV. Stellenvermittlung für Musikkapellen, die nicht unter die Bestimmung zu III fallen:

5% der monatlichen Vergütung für Verträge zwischen Unternehmern und ganzen Kapellen,

3% der monatlichen Vergütung für Verträge zwischen Kapellmeistern und Mitgliedern der Kapellen.

V. Bei Verlängerung oder Erneuerung eines Engagements (sofern sie durch die Tätigkeit des Stellenvermittlers zustande gekommen sind) längstens auf 3 Jahre:

die Hälfte der obigen Sätze.

— Diese Bestimmung findet keine Anwendung auf die Stellenvermittlung in Fällen unter II. —

VI. Bei Vertragsabschlüssen für nicht gewerbsmäßige Veranstaltungen (Vereins- oder Privatfestlichkeiten):

10% ohne Rücksicht auf die Höhe der Vergütung.

VII. Die Bestimmungen der Ziffern I bis IV finden sinngemäße Anwendung, wenn der Vertragsabschluß auf kürzere oder längere Zeit als Monatsfrist erfolgt oder die Vergütung für kürzere oder längere Zeit oder für die einzelne Veranstaltung entrichtet wird.

Sonstige Ausführungsbestimmungen. PrHMBl. vom 9. August 1910 (HMBl. 404).

Zur Ausführung des Stellenvermittlergesetzes vom 2. Juni 1910 (RGBl. S. 860) bestimme ich:

1. Als öffentliche Arbeitsnachweise im Sinne des Gesetzes sind nur solche Arbeitsnachweise anzusehen, die von öffentlichen

Korporationen errichtet und unterhalten werden — zu vgl. Begründung S. 7 —. Arbeitsnachweise gemeinnütziger Vereine und Verbände sind selbst dann keine öffentlichen Arbeitsnachweise, wenn sie aus öffentlichen Mitteln unterstützt werden. Selbstredend steht nichts im Wege, bei der Durchführung des Gesetzes Wünsche und Gutachten der nichtöffentlichen gemeinnützigen Arbeitsnachweise zu berücksichtigen; insbesondere wird es sich empfehlen, in den Fällen des § 5 Abs. 1 des Gesetzes da, wo ein öffentlicher Arbeitsnachweis nicht besteht, den nichtöffentlichen gemeinnützigen Arbeitsnachweis zu hören.

2. In der Festsetzung der den gewerbsmäßigen Stellenvermittlern zukommenden Gebühren ist zum Ausdruck zu bringen, daß die im § 5 Abs. 1 des Gesetzes vorgeschriebene Anhörung des Trägers des öffentlichen Arbeitsnachweises, der Vertreter der Stellenvermittler, der Arbeitgeber und Arbeitnehmer, stattgefunden hat. Eine Anhörung des Trägers des öffentlichen Arbeitsnachweises ist nur insoweit erforderlich, als es sich um die Festsetzung der Taxen für Berufe handelt, in denen durch den öffentlichen Arbeitsnachweis eine Stellenvermittelung stattfindet. Soweit es ohne besondere Kosten möglich ist, empfiehlt sich eine gelegentliche Veröffentlichung der Taxen in gelesenen Tageszeitungen.

3. Zu den Stellenvermittlern gehören auch die Herausgeber von Stellen- und Vakanzenlisten. Auch für sie sind daher Taxen festzusetzen. Als Gebühren kommen in Frage die Insertionsgebühren und die Bezugskosten (Abonnementsgebühren und Einzelverkaufspreis) der Stellen- und Vakanzenlisten.

4. Fehlt einem Stellenvermittler für den begonnenen Gewerbebetrieb die erforderliche Erlaubnis, so ist, wenn ungeachtet einer Aufforderung der Ortspolizeibehörde der Betrieb nicht eingestellt wird, die strafrechtliche Verfolgung des Gewerbetreibenden herbeizuführen. Daneben kann die Fortsetzung des Betriebs von der Ortspolizeibehörde durch Anwendung unmittelbaren Zwanges verhindert und die Beseitigung der zur Ausübung des Gewerbebetriebs dienenden Einrichtungen (z. B. Firmenschild) im Verwaltungszwangsverfahren herbeigeführt werden. Unzulässig ist

es, den Stellenvermittler zur Einholung der Erlaubnis zwangsweise anzuhalten.

5. Polizeibehörde im Sinne des § 7 des Gesetzes ist die Ortspolizeibehörde.

PrHMErl. betr. Stellenvermittlergesetz vom 19. August 1910 (HMBl. 454).

Auf Grund des § 8 des Stellenvermittlergesetzes vom 2. Juni 1910 (RGBl. S. 860) habe ich die beiliegenden Vorschriften[1]), und zwar:

a) die Vorschriften über den Geschäftsbetrieb der gewerbsmäßigen Stellenvermittler, mit Ausnahme der gewerbsmäßigen Stellenvermittler für Bühnenangehörige und der Herausgeber von Stellen- und Vakanzenlisten, vom 16. August 1910,

b) die Vorschriften über den Geschäftsbetrieb der gewerbsmäßigen Stellenvermittler für Bühnenangehörige, mit Ausschluß der Herausgeber von Stellen- und Vakanzenlisten, vom 17. August 1910,

c) die Vorschriften über den Geschäftsbetrieb der Herausgeber von Stellen- und Vakanzenlisten vom 18. August

erlassen.

Sie wollen die Vorschriften in einer Beilage zum Amtsblatt veröffentlichen. Die erforderliche Zahl Druckexemplare wird Ihnen die Druckerei Julius Sittenfeld hierselbst zugehen lassen.

Die Ortspolizeibehörden haben sich die sorgfältige Überwachung des Geschäftsbetriebs aller Stellenvermittler angelegen sein zu lassen. Zu dem Zwecke ist unter anderem der Geschäftsbetrieb mindestens einmal, in Städten über 10000 Einwohner mindestens zweimal im Jahre unvermutet zu besichtigen.

Ergeben sich Tatsachen, die eine Entziehung der Erlaubnis oder eine Untersagung des Gewerbebetriebs notwendig erscheinen lassen,

---

[1]) Die Formulare sind nicht mit abgedruckt.

so ist der Stellenvermittler zur Einstellung des Gewerbebetriebs aufzufordern. Kommt er dieser Aufforderung innerhalb der gestellten Frist nicht nach, so ist die Klage auf Entziehung der Erlaubnis oder auf Untersagung des Gewerbebetriebs im Verwaltungsstreitverfahren zu erheben.

Die Geschäftsbücher sind auch bei ihrer Ablieferung, soweit dies die Geschäftslage gestattet, auf ihre ordnungsmäßige Führung hin zu prüfen. Ist die Strafverfolgung noch nicht verjährt, so ist bei etwaigen Verstößen die Bestrafung des Stellenvermittlers herbeizuführen. Unabhängig hiervon ist aber in jedem Falle zu prüfen, ob auf Grund der durch die Einsichtnahme der Geschäftsbücher gewonnenen näheren Kenntnis der Geschäftsführung die Entziehung der Erlaubnis oder die Untersagung des Gewerbebetriebs wegen Unzuverlässigkeit in die Wege zu leiten ist.

Fehlt einem Stellenvermittler zu dem begonnenen Gewerbebetriebe die erforderliche Erlaubnis, so ist, wenn ungeachtet einer Aufforderung der Ortspolizeibehörde der Betrieb nicht eingestellt wird, die strafrechtliche Verfolgung des Gewerbetreibenden herbeizuführen. Daneben kann die Fortsetzung des Betriebs von der Ortspolizeibehörde durch Anwendung unmittelbaren Zwanges verhindert und die Beseitigung der zur Ausübung des Gewerbebetriebs dienenden Einrichtung (z. B. Firmenschild) im Verwaltungszwangsverfahren herbeigeführt werden. Unzulässig ist es, den Stellenvermittler zur Einholung der Erlaubnis zwangsweise anzuhalten.

Setzt jemand, dem die Erlaubnis zum Betriebe des Stellenvermittlergewerbes entzogen, oder dem die Ausübung dieses Gewerbebetriebs untersagt ist, den Gewerbebetrieb eines Stellenvermittlers fort, so findet die Bestimmung im vorigen Absatz entsprechende Anwendung. Ist die Zurücknahme der Erlaubnis zum Betriebe des Stellenvermittlergewerbes rechtskräftig erfolgt, so hat die Ortspolizeibehörde die Auslieferung der Urkunde über die Erlaubnis nötigenfalls auf dem in LVG. §§ 127 ff. bezeichneten Wege herbeizuführen.

Von jeder Entziehung der Erlaubnis zum Betriebe des Stellenvermittlergewerbes sowie von jeder Untersagung dieses Betriebs hat das Verwaltungsgericht erster Instanz der Ortspolizeibehörde des Geburtsorts Mitteilung zu machen. Zugleich ist derjenigen Stelle, welche die Urkunde ausgefertigt hat, eine Abschrift der rechtskräftigen Entscheidung zu übersenden.

Auf der Rückseite des Ausweises (Muster D, Anlage zu den Vorschriften unter a) ist den Beteiligten anheimgestellt, sich für den Fall, daß der Stellenvermittler die Gebühr nicht zurückzahlt, an die Ortspolizei zu wenden. Diese hat, sofern eine entsprechende Mitteilung eingeht, die Berechtigung der Weigerung des Stellenvermittlers eingehend zu prüfen. Ergibt sich hierbei, daß die Rückzahlung der Gebühren zu Unrecht verweigert wird, so hat die Ortspolizeibehörde dem Stellenvermittler unter kurzer Darlegung des Sachverhalts zu eröffnen, daß die Entziehung der Erlaubnis für den Fall werde in Erwägung gezogen werden, daß durch die ordentlichen Gerichte die Unrechtmäßigkeit der Weigerung zur Erstattung der Gebühren festgestellt werde.

Die auf den Bahnhöfen aufgestellten Exekutivbeamten sind auf die Überwachung der Befolgung der Vorschrift in Ziffer 16 der Vorschriften unter a besonders aufmerksam zu machen.

Anlage I.

Vorschriften über den Geschäftsbetrieb der gewerbsmäßigen Stellenvermittler, mit Ausschluß der gewerbsmäßigen Stellenvermittler für Bühnenangehörige und der Herausgeber von Stellen- und Vakanzenlisten vom 16. August 1910 (HMBl. 455).

Auf Grund des § 8 des Stellenvermittlergesetzes vom 2. Juni 1910 (RGBl. 860) wird über den Umfang der Befugnisse und Verpflichtungen sowie über den Geschäftsbetrieb der gewerbsmäßigen Stellenvermittler, mit Ausschluß der Stellenvermittler für Bühnenangehörige (Theateragenten) und der Herausgeber von Stellen- und Vakanzenlisten, folgendes bestimmt:

1. Wer das Gewerbe eines Stellenvermittlers betreibt, ist verpflichtet, ein Geschäftsbuch nach dem anliegenden Muster A zu

führen. Bei Stellenvermittlern für Schiffsleute tritt an die Stelle des Musters A das beiliegende Muster C.

Für männliche und weibliche Personen kann je ein besonderes Geschäftsbuch geführt werden. Das Geschäftsbuch muß dauerhaft gebunden, mit fortlaufenden Seitenzahlen versehen sein und vor der Ingebrauchnahme von der Ortspolizeibehörde unter Beglaubigung der Seitenzahl abgestempelt werden. Im Geschäftsbuche dürfen weder Rasuren vorgenommen, noch Eintragungen unleserlich gemacht werden; auch darf das Geschäftsbuch weder ganz noch zum Teil vernichtet werden.

2. Der Stellenvermittler hat die abgeschlossenen Dienstverträge unmittelbar im Anschluß an den Vertragsschluß unter fortlaufenden Nummern vollständig einzutragen. Der Eingang von Zahlungen ist im Laufe des Tages, an dem sie eingehen, zu vermerken.

3. Alle Eintragungen und alle Schriftstücke müssen in deutscher Sprache und mit Tinte bewirkt werden. Der Stellenvermittler ist auch dann für die ordnungsmäßige Führung des Geschäftsbuchs persönlich verantwortlich, wenn er sie einem Dritten übertragen hat.

4. Das Geschäftsbuch ist alljährlich sowie bei dem Einstellen des Gewerbebetriebs abzuschließen und binnen 14 Tagen nach Anfang des nächsten Kalenderjahrs oder nach Einstellung des Gewerbebetriebs der Ortspolizeibehörde zur Bestätigung des Abschlusses einzureichen. Das abgeschlossene Geschäftsbuch ist fünf Jahre lang aufzubewahren. Nach dem Abschlusse dürfen weitere Eintragungen nicht mehr gemacht werden.

Die Ortspolizeibehörde kann die Führung eines Geschäftsbuchs für einen längeren Zeitabschnitt gestatten.

5. Die Stellenvermittler haben ferner ein Geschäftsbuch nach dem anliegenden Muster B zu führen, in das die Aufträge der Arbeitnehmer im Laufe des Tages, an welchem sie eingehen, in der Reihenfolge des Einganges unter fortlaufenden Nummern vollständig einzutragen sind. Auf dieses Geschäftsbuch finden die Vorschriften unter Ziffer 1, 3 und 4 mit der Maßgabe Anwendung, daß die am Schlusse des Kalenderjahrs nicht erledigten Aufträge in das neue Buch zu übertragen sind.

6. Die Stellenvermittler sind verpflichtet, ihren Familiennamen und mindestens einen ausgeschriebenen Vornamen mit dem Zusatze: „gewerbsmäßiger Stellenvermittler“ oder „gewerbsmäßige Stellenvermittlerin“ in deutlich lesbarer Schrift an der Straßenseite des Hauses auf, über oder neben dem Hauseingang und am Eingange zu den Geschäftsräumen anzubringen.

An der Außenseite des Hauses dürfen nur noch die Berufe angegeben werden, in denen die Vermittlung von Stellen stattfindet. Weitere Bezeichnungen wie „Stellenvermittlung“, „kostenlose Stellenvermittlung“, „Mietskontor“, „Stellennachweis“, „Gesindebörse“ usw. sind verboten.

7. Die Stellenvermittler haben alle Anzeigen in Zeitungen, Anschlägen, Reklamen und dergl. mit der genauen Angabe des Geschäftslokals, ihrem Vor- und Zunamen und der in Ziffer 6 Abs. 1 angeordneten Bezeichnung zu versehen. Abkürzungen sind unzulässig.

In den Anzeigen dürfen nur Angaben darüber enthalten sein, daß und für welche Berufe die Stellenvermittlung stattfindet. Alle marktschreierischen Angaben (die Hervorhebung besonderer Vorzüge, die Zusage von Vorteilen oder Geschenken usw.) sowie alle Angaben über die Zahl der offenen Stellen oder der stellensuchenden Personen sind verboten.

Jede Reklame durch Verteilung von Geschäftsempfehlungen usw. ist auf öffentlichen Straßen, Wegen, Plätzen oder an anderen öffentlichen Orten (z. B. in Schankwirtschaften, auf Bahnhöfen, in Eisenbahnzügen) verboten.

8. Die Stellenvermittler haben im Anschluß an die Vermittlung in den Gesindebüchern an der vorgezeichneten Stelle, solange aber in den Gesindebüchern eine besondere Spalte für die Eintragungen nicht enthalten ist, in Spalte 7 ihren ausgeschriebenen Vor- und Zunamen unter genauer Angabe des Geschäftslokals und des Datums in deutscher Schrift leserlich einzutragen. Die Verwendung eines Stempels ist zulässig. Im übrigen ist ihnen untersagt, in die Gesindebücher, Dienstbücher, Arbeitsbücher, Seefahrtsbücher, Quittungskarten oder sonstigen Legitimationspapiere, Reklamezettel einzulegen oder ihre Adressen oder dergleichen einzutragen.

9. Die Ortspolizeibehörde bestimmt, inwiefern eine Stellvertretung zulässig ist. Die Beschäftigung von Hilfspersonal ist nur mit Erlaubnis der Ortspolizeibehörde gestattet. Als Hilfspersonal gelten einschließlich der Familienangehörigen alle Personen, welche im Betriebe des Stellenvermittlers beschäftigt sind.

Die Erlaubnis darf nur für solche Personen erteilt werden, welche für den Geschäftsbetrieb und hinsichtlich ihrer persönlichen Verhältnisse die erforderliche Zuverlässigkeit besitzen und keins der im § 3 des Stellenvermittlergesetzes aufgeführten Gewerbe betreiben.

Der Antrag auf Erteilung der Erlaubnis ist für jede Hilfsperson schriftlich unter Beifügung einer unaufgezogenen Photographie in Visitkartenformat zu beantragen. In die Bescheinigung über die Erlaubnis ist die Photographie einzukleben und abzustempeln. Ferner sind in der Bescheinigung der Rufname, der Zuname und die Wohnung der Hilfsperson sowie die Bezeichnung des Gewerbetreibenden, bei dem die Beschäftigung stattfinden darf, anzugeben.

Die Erlaubnis ist zu widerrufen, wenn die Voraussetzungen, unter denen sie erteilt wurde, nicht mehr vorliegen oder wenn die betreffende Person den Vorschriften zuwiderhandelt. Der Stellenvermittler hat die Bescheinigung binnen drei Tagen nach Beendigung des Beschäftigungsverhältnisses oder nach Widerruf der Erlaubnis der Ortspolizeibehörde zurückzureichen.

10. Die Stellenvermittler haben sorgfältige Erkundigungen über die Dienstverhältnisse der Arbeitgeber und Arbeitnehmer sowie über die Brauchbarkeit des Arbeitnehmers für die in Aussicht genommene Beschäftigung einzuziehen. Sie dürfen hinsichtlich solcher Stellen, deren Dienst- oder Arbeitsverhältnisse ihnen nicht bekannt sind, eine Vermittlung überhaupt nicht ausführen.

Die Stellenvermittler dürfen Personen, von denen sie wissen oder den Umständen nach wissen müssen, daß sie ohne Einhaltung der Kündigungsfrist ihre letzte Stellung verlassen haben, keine Dienstleistung gewähren, sofern nicht ein gesetzlicher Grund für das Verlassen der Stelle nachgewiesen wird; die Verwendung solcher Personen zu Dienstleistungen im eigenen Haushalt ist verboten. Dasselbe gilt für Personen, welche sich den gesetzlichen Vorschriften zuwider nicht im Besitz eines ordnungsmäßig ausgestellten und ausgefüllten Gesindebuchs, Arbeitsbuchs oder Seefahrtsbuchs befinden, oder welche die zur Verdingung erforderliche Zustimmung des gesetzlichen Vertreters nicht nachweisen können. Das gleiche Verbot gilt endlich hinsichtlich ausländischer Arbeiter, die sich entgegen den bestehenden Vorschriften nicht im Besitz einer ordnungsmäßigen Inlandslegitimationskarte befinden.

Die Stellenvermittler dürfen nur Ammen, die sich über ihren Gesundheitszustand durch das höchstens acht Tage alte Zeugnis eines approbierten Arztes ausweisen können, eine Stellung vermitteln.

11. Den Stellenvermittlern ist jede Vermittlungstätigkeit für eine Person, der sie eine die Erwerbstätigkeit des Arbeitnehmers vollständig in Anspruch nehmende Stellung vermittelt haben, verboten, solange nicht der erste für das bestehende Dienst- oder Arbeitsverhältnis maßgebende Kündigungstermin verstrichen ist; es sei denn, daß von dieser Person offenbar ein gesetzlicher Grund für das vorzeitige Verlassen der Stellung nachgewiesen wird.

Den Stellenvermittlern ist jede Einwirkung auf Arbeitnehmer dahin, daß diese ihre Stellung mit einer anderen vertauschen, sowie jede Einwirkung auf Arbeitgeber wegen Entlassung von Arbeitnehmern untersagt.

12. Arbeitgeber und Arbeitnehmer, die eine Vermittlungstätigkeit des Stellenvermittlers nicht in Anspruch nehmen oder ablehnen oder sich weigern, die für die Vermittlung oder für die Eintragungen in das Geschäftsbuch erforderlichen Angaben zu machen, sind unverzüglich aus den Geschäftsräumen zu entfernen. Für die von solchen Personen unmittelbar abgeschlossenen Dienstverträge darf weder ein Ausweis (Ziffer 14) erteilt, noch eine Gebühr erhoben werden.

13. Stellenvermittler, welche Stellen an Kellnerinnen und sonstige in Schankräumen tätige weibliche Angestellte, sowie für Ammen im Inlande vermitteln, haben der Ortspolizeibehörde nach näherer Anweisung regelmäßig Verzeichnisse der vermittelten Stellen dieser Art einzureichen.

14. Die Stellenvermittler haben sofort nach Eintragung des Vertragsschlusses in das Geschäftsbuch über jede von ihnen bewirkte

Vermittlung sowohl dem Arbeitgeber als auch dem Arbeitnehmer einen Ausweis nach beiliegendem Muster D auszustellen und zu übermitteln. Die Formulare sind mit fortlaufenden Nummern zu versehen, die Nummern der ausgestellten Ausweise sind in Spalte 12 des Geschäftsbuchs A einzutragen.

Auf Stellenvermittler für Schiffsleute findet Abs. 1 keine Anwendung.

15. Der Geschäftsbetrieb darf nicht in Räumen stattfinden, in denen ein anderes Gewerbe ausgeübt wird, auch darf der Zugang zu den Geschäftsräumen des Stellenvermittlers nicht durch Räume erfolgen, in denen ein Gewerbe ausgeübt wird. Die Ortspolizeibehörde kann den Geschäftsbetrieb in Häusern, in denen oder in deren unmittelbarer Nähe sich eine Gast- oder Schankwirtschaft oder eine Kleinhandlung mit geistigen Getränken befindet, verbieten.

16. Den Stellenvermittlern sowie ihrem Hilfspersonal (Ziffer 9) ist untersagt, ohne vorherigen Auftrag außerhalb ihrer Geschäftsräume, insbesondere auf öffentlichen Straßen, Wegen, Plätzen oder an anderen öffentlichen Orten (z. B. in Schankwirtschaften, auf Bahnhöfen, in Eisenbahnzügen), mit den Arbeitgebern oder Arbeitnehmern für die Zwecke des Gewerbebetriebs in unmittelbaren persönlichen Verkehr zu treten Sie dürfen weder Dritten (sog. Schleppern) den Auftrag zum unmittelbaren Heranführen von Arbeitnehmern erteilen, noch Arbeitnehmern, die von solchen Personen herangeführt werden, eine Stelle vermitteln. Die Ausübung des Gewerbebetriebs im Umherziehen oder durch Agenten, oder durch Inanspruchnahme anderer Stellenvermittler sowie jede Tätigkeit für den Gewerbebetrieb eines anderen Stellenvermittlers ist verboten. Zweiggeschäfte dürfen nicht errichtet werden.

17. Die Stellenvermittler haben über alle ihnen geleisteten Zahlungen sofort Quittungen auszustellen. Sofern die Zahlung bei Abschluß des Dienstvertrags erfolgt, muß die Quittung auf dem Ausweis (Ziffer 14) erteilt werden.

Sie dürfen nur die auf Grund des § 5 des Stellenvermittlergesetzes festgesetzten Gebühren erheben.

18. Der Anspruch des Stellenvermittlers auf die vom Arbeitgeber zu zahlende Hälfte erlischt, wenn

a) der Arbeitnehmer die Stelle nicht antritt,

b) er dem Arbeitgeber bestimmte Eigenschaften des Arbeitnehmers zugesichert hat und der Dienstvertrag zum ersten zulässigen Kündigungstermin gekündigt oder sonst innerhalb vier Wochen nach Beginn der Dienstleistung gelöst wird, weil sich herausstellt, daß der Arbeitnehmer die zugesicherten Eigenschaften nicht besitzt,

c) die Ausstellung und Aushändigung des Ausweises (Ziffer 14) unterblieben ist.

19. Der Anspruch des Stellenvermittlers auf die vom Arbeitnehmer zu zahlende Hälfte erlischt, wenn

a) er dem Arbeitnehmer bestimmte Eigenschaften der vermittelten Stelle zugesichert hat und der Dienstvertrag zum ersten zulässigen Kündigungstermin gekündigt oder sonst innerhalb vier Wochen nach Beginn der Dienstleistung gelöst wird, weil sich die Unrichtigkeit der zugesicherten Eigenschaften herausstellt,

b) der Arbeitnehmer aus einem wichtigen Grunde die Stelle nicht antritt,

c) der Arbeitgeber den Antritt der Stelle verhindert,

d) die Ausstellung und Aushändigung des Ausweises (Ziffer 14) unterblieben ist.

20. Die bereits gezahlte Gebühr ist in den Fällen der Ziffern 18, 19 auf Ersuchen des Berechtigten binnen drei Tagen zurückzuzahlen.

Ansprüche auf Rückzahlung der Gebühr können nur binnen vier Wochen nach dem Zeitpunkt, zu dem der Arbeitnehmer den Dienst angetreten hat oder hätte antreten müssen oder zu dem der Vertrag gelöst ist, geltend gemacht werden.

Den Stellenvermittlern ist untersagt, den Anspruch auf Rückzahlung durch Vertrag auszuschließen.

21. Die Polizeibehörden und ihre Organe sind befugt, in den Geschäftsbetrieb der Stellenvermittler jederzeit Einsicht zu nehmen. Die Stellenvermittler sind verpflichtet, den Beamten jederzeit den Zutritt zu allen für den Geschäftsbetrieb bestimmten Räumlichkeiten zu gestatten, ihnen alle Geschäftsbücher und Geschäftspapiere auf Verlangen im Dienstraume der Polizeibehörde vorzulegen und

jede über den Geschäftsbetrieb verlangte Auskunft wahrheitsgetreu zu erteilen.

Je ein Abdruck des Stellenvermittlergesetzes, dieser Vorschriften und des Gebührentarifs ist in großer Schrift und in deutscher Sprache in den Geschäftsräumen am Eingang an gut zugänglicher Stelle auszuhängen.

Die Verlegung der Geschäftsräume und jede auch vorübergehende Einstellung des Geschäftsbetriebs ist binnen drei Tagen der Ortspolizeibehörde anzuzeigen.

22. Diese Vorschriften treten am 1. Oktober 1910 in Kraft; mit dem gleichen Tage verlieren die Vorschriften über den Umfang der Befugnisse und Verpflichtungen sowie über den Geschäftsbetrieb der Gesindevermieter usw. vom 5. März 1907 (HMBl. S. 55) und der Stellenvermittler für Schiffsleute vom 6. März 1903 (HMBl. S. 70) ihre Gültigkeit.

Die Stellenvermittler können die vorgeschriebenen und bisher geführten Geschäftsbücher bis zum 1. Januar 1911 weiterführen und die bisherigen Formulare für Ausweise bis zum gleichen Zeitpunkt weiter benutzen.

23. Jedem Geschäftsbuch A und C ist ein Abdruck dieser Vorschriften vorzuheften.

24. Zuwiderhandlungen gegen diese Vorschriften werden nach § 13 Abs. 1 Ziffer 1 des Stellenvermittlergesetzes mit Geldstrafe bis zu 150 M. und im Unvermögensfalle mit Haft bestraft.

Anlage II.

Vorschriften über den Geschäftsbetrieb der gewerbsmäßigen Stellenvermittler für Bühnenangehörige, mit Ausschluß der Herausgeber von Stellen- und Vakanzenlisten vom 17. August 1910 (HMBl. 465), ergänzt durch HMErl. vom 28. September 1910 (HMBl. 509).

Auf Grund des § 8 des Stellenvermittlergesetzes vom 2. Juni 1910 (RGBl. S. 860) wird über den Umfang der Befugnisse und

Verpflichtungen sowie über den Geschäftsbetrieb der gewerbsmäßigen Stellenvermittler für Bühnenangehörige folgendes bestimmt:

1. Stellenvermittler im Sinne dieser Vorschriften ist, wer gewerbsmäßig für gewerbsmäßig oder nicht gewerbsmäßig betriebene Unternehmungen, durch welche theatralische Vorstellungen, Singspiele, Instrumentalkonzerte, Gesangs- und deklamatorische Vorträge, Schaustellungen von Personen oder Tieren dargeboten werden, Vertragsabschlüsse zwischen Unternehmern und Stellensuchenden vermittelt oder Gelegenheit zur Erlangung von Stellen nachweist. Ob bei den Unternehmungen oder Veranstaltungen ein höheres Interesse der Kunst oder Wissenschaft obwaltet oder nicht, ist für die Anwendung dieser Vorschriften ebenso unerheblich wie die Zeit, auf welche die Verträge abgeschlossen werden.

2. Der Stellenvermittler ist verpflichtet, Geschäftsbücher nach den beigefügten Mustern A, B und C zu führen. Für männliche und weibliche Personen können getrennt Bücher geführt werden. Die Bücher müssen dauerhaft gebunden und mit fortlaufenden Seitenzahlen versehen sein; sie müssen vor ihrer Ingebrauchnahme von der Ortspolizeibehörde unter Beglaubigung der Seitenzahl abgestempelt werden. In den Büchern dürfen weder Rasuren vorgenommen, noch Eintragungen unleserlich gemacht werden; auch dürfen die Bücher weder ganz noch zum Teil vernichtet werden.

3. Die dem Stellenvermittler erteilten Aufträge sind in die Bücher A und B, die Abschlüsse von Vermittelungen und die eingegangenen Zahlungen in das Buch C im Laufe des Tages, an welchem die Aufträge oder Zahlungen eingehen oder die Abschlüsse erfolgen, in der Reihenfolge des Eingangs oder des Abschlusses unter fortlaufenden Nummern vollständig und übersichtlich einzutragen. Bei Abschlüssen für länger als einen Monat brauchen nur die Zahlungen für den ersten Monat oder das erste Vierteljahr eingetragen zu werden.

In den Büchern A und B können besondere Abteilungen für die einzelnen Beschäftigungsarten (Fächer), in dem Buche C solche für die einzelnen Bühnen eingerichtet werden. Alsdann hat die Eintragung der fortlaufenden Nummern innerhalb jeder Abteilung besonders zu erfolgen. An den Anfang des Buches ist ein Inhaltsverzeichnis mit Angabe der Seitenzahlen zu setzen.

Die Ortspolizeibehörde kann den Stellenvermittlern die Anlegung von Interimsbüchern für Aufträge gestatten, bei denen es dahinsteht, ob der Stellenvermittler ihnen nähertreten kann. Sobald der Stellenvermittler wegen dieser Aufträge etwas Weiteres veranlaßt, sind sie unverzüglich in die Bücher A oder B umzuschreiben.

Jede Inanspruchnahme der geschäftlichen Tätigkeit des Stellenvermittlers gilt als Auftrag im Sinne dieser Vorschrift. Eine Abschrift jedes von dem Stellenvermittler vermittelten Vertrags ist aufzubewahren und mit der Nummer des Buchs C zu versehen.

4. Geschäftsbücher, welche nicht mehr benutzt werden sollen, sind unter Angabe des Datums abzuschließen, der Ortspolizeibehörde zur Bestätigung des Abschlusses vorzulegen und sodann zehn Jahre aufzubewahren. Nach dem Abschlusse dürfen weitere Eintragungen nicht mehr gemacht werden.

Dasselbe gilt, wenn der Geschäftsbetrieb eingestellt wird.

5. Die Art der zu vermittelnden Stellen (für Bühnenangehörige im engeren Sinne, für Zirkus, Variété, Konzerte usw.) ist binnen 8 Tagen nach Eröffnung des Betriebs, bei bestehenden Unternehmungen binnen 8 Tagen nach Inkrafttreten dieser Vorschriften der Ortspolizeibehörde anzugeben und von dieser festzusetzen.

6. Der Stellenvermittler ist verpflichtet, seinen Familiennamen und mindestens einen ausgeschriebenen Vornamen mit der Bezeichnung „gewerbsmäßiger Stellenvermittler“ und einem Zusatze, der die Art der zu vermittelnden Stellen erkennen läßt (z. B. gewerbsmäßiger Stellenvermittler für Bühnenangehörige, für Zirkus- und Schaubühne usw.) in deutlich lesbarer Schrift an der Straßenseite des Hauses auf, neben oder über dem Hauseingang und am Eingange zu den Geschäftsräumen anzubringen. Die Annahme der Bezeichnung „Theateragent“ oder „Theateragentur“ an Stelle der Bezeichnung „gewerbsmäßiger Stellenvermittler“ ist nur solchen Stellenvermittlern gestattet, welche ausschließlich Stellen für Bühnenangehörige im engeren Sinne, d. h. für diejenigen Personen

vermitteln, welche bei der Aufführung dramatischer Werke künstlerisch oder technisch mitwirken.

Die Geschäftsbezeichnung bedarf der Genehmigung der Ortspolizeibehörde.

7. Die Stellenvermittler haben alle Anzeigen in Zeitungen, Anschlägen, Reklamen u. dgl. sowie die von ihnen bei der Vermittlung benutzten Vertragsformulare mit der genauen Angabe des Geschäftslokals, ihrem Vor- und Zunamen und der behördlich genehmigten Bezeichnung zu versehen. Wahrheitswidrige Angaben über die Zahl der offenen Stellen oder der Stellung suchenden Personen sind verboten.

8. Die Ortspolizeibehörde bestimmt, inwiefern eine Stellvertretung zulässig ist. Bei Beschäftigung von Hilfspersonal einschließlich der Familienangehörigen sind der Ortspolizeibehörde nach näherer Anweisung regelmäßig Verzeichnisse der beschäftigten Personen einzureichen.

Von der Beschäftigung sind Personen ausgeschlossen, welche für den Geschäftsbetrieb und hinsichtlich ihrer persönlichen Verhältnisse nicht die erforderliche Zuverlässigkeit besitzen oder eines der in § 3 des Stellenvermittlergesetzes oder in Ziffer 12 dieser Vorschriften aufgeführten Gewerbe betreiben oder Tätigkeiten ausüben.

9. Die Stellenvermittler für Bühnenangehörige dürfen nur Stellen der auf Grund der Ziffer 6 festgesetzten Art vermitteln. Personen, welche die zum Vertragsabschluß erforderliche Zustimmung des gesetzlichen Vertreters nicht nachweisen können, darf eine Dienstleistung nicht gewährt werden.

10. Für Unternehmer, die weder im Besitz der erforderlichen Erlaubnis noch einer besonderen behördlichen Ermächtigung zur Vorbereitung des betreffenden Unternehmens sind, darf eine Stellenvermittlung nicht betrieben werden.

Der Stellenvermittler darf dem Stellensuchenden etwaige ihm bekanntgewordene Tatsachen, welche die Zuverlässigkeit des Unternehmers zweifelhaft erscheinen lassen, nicht verschweigen.

11. Die Stellenvermittler dürfen auch bei Aufträgen, welche die Besorgung von Personen, die bei nicht gewerbsmäßigen Privatveranstaltungen mitwirken, bezwecken, für die eigene Mühewaltung

nur Gebühren und bare Auslagen in Rechnung stellen, die nach § 5 des Stellenvermittlergesetzes statthaft sind.

12. Die Stellenvermittler dürfen ihre Geschäftsräume weder in Theaterbureaus noch in Räume, welche der Gast- oder Schankwirtschaft dienen, oder in Räume, welche mit solchen Räumen im Zusammenhange stehen, verlegen.

Abgesehen von den Vorschriften im § 3 des Stellenvermittlergesetzes ist den Stellenvermittlern untersagt:

a) Unternehmungen der in Ziffer 1 dieser Vorschriften bezeichneten Art zu betreiben, an solchen Unternehmungen sich geschäftlich zu beteiligen, den Unternehmern Darlehne zu gewähren, mit ihnen besondere auf Geschäftsbesorgung gerichtete Verträge als Impressarien, Soloagenten usw. einzugehen, sowie in irgendeiner anderen Art mit ihnen in vertragliche Verbindung zu treten, die eine unparteiische Stellenvermittlung in Frage stellt;

b) die Tätigkeit eines Schauspielers oder eines sonstigen Angehörigen der in Ziffer 1 bezeichneten Gewerbe auszuüben, sich an einer solchen Tätigkeit geschäftlich zu beteiligen oder mit Bühnenangehörigen in der unter a bezeichneten Art in Verbindung zu treten;

c) Bühnenwerke zu verlegen oder eine auf die Aufführung solcher Werke abzielende Tätigkeit auszuüben;

d) Fachschulen, welche die Vorbereitung für die in Ziffer 1 bezeichneten Berufe bezwecken, zu betreiben, oder sich an dem Betriebe solcher zu beteiligen;

e) mit auswärtigen Stellenvermittlungen, die von den Regierungspräsidenten (im Landespolizeibezirke Berlin von dem Polizeipräsidenten) als unzuverlässig bezeichnet sind, in Verbindung zu treten;

f) Verträge zu vermitteln, in denen der Bühnenleiter die den Bühnenangehörigen versprochene Gage von vornherein durch bestimmte Abzüge (Rabatt, Prozentabzüge, Regiespesen usw.) kürzt, hiervon werden etwaige Festsetzungen von Abzügen für Tage, an denen der Bühnenangehörige nicht auftritt, nicht berührt;

g) mit Bühnenleitern in geschäftliche Beziehungen zu treten, von denen sie wissen oder den Umständen nach annehmen müssen, daß sie Kürzungen des Gagenbetrages in der Absicht vornehmen, aus diesen Abzügen die ihnen zur Last fallenden Vermittlergebühren zu bestreiten.

12a. Die Stellenvermittler haben, sofern ihre Tätigkeit von beiden Seiten in Anspruch genommen ist, in die von ihnen vermittelten Verträge die Bestimmung aufzunehmen, daß die eine Hälfte der Gebühren von dem Bühnenleiter und die andere Hälfte von den Bühnenangehörigen aus eigenen Mitteln zu zahlen ist, es sei denn, daß sich der Bühnenleiter freiwillig zur Übernahme der ganzen Gebühr bereit erklärt hat.

Der Betrag der an den Bühnenangehörigen tatsächlich auszuzahlenden Gage ist im Vertrag anzugeben.

13. Der Stellenvermittler ist, abgesehen von der Bestimmung im § 5 Abs. 2 Satz 1 des Stellenvermittlergesetzes, zur Erhebung von Gebühren nicht befugt:

a) wenn der vermittelte Vertrag gelöst ist, es sei denn, daß die Lösung durch Vertragsbruch oder ohne Mitwirkung des Stellenvermittlers zu einer Zeit erfolgt, wo der Vertrag unkündbar ist;
b) für die Zeit, während welcher der Bühnenangehörige eine Vergütung (Gehalt, Spielgeld usw.) nicht erhält;
c) bei Gastspielen zum Engagementszweck, wenn der unterlegte Vertrag nicht zustande kommt.

14. Die Polizeibehörden und ihre Organe sind befugt, in den Geschäftsbetrieb des Stellenvermittlers für Bühnenangehörige jederzeit Einsicht zu nehmen. Die Stellenvermittler sind verpflichtet, den Beamten jederzeit den Zutritt zu allen für den Geschäftsbetrieb bestimmten Räumlichkeiten zu gestatten, ihnen die Geschäftsbücher und Geschäftspapiere auf Verlangen im Dienstraume der Polizeibehörde vorzulegen und jede über den Geschäftsbetrieb verlangte Auskunft wahrheitsgetreu zu erteilen.

15. Die Vorschriften treten am 1. Oktober 1910 an die Stelle der Vorschriften vom 31. Januar 1902 (HMBl. 66) und vom

3. Februar 1909 (HMBl. 85). Die im Gebrauche befindlichen Geschäftsbücher dürfen bis zum 1. Januar 1911 benutzt werden.

16. Ein Abdruck dieser Vorschriften ist jedem im Gebrauche befindlichen Geschäftsbuche vorzuheften. Außerdem ist ein Abdruck in großer Schrift in den Geschäftsräumen am Eingang an gut zugänglicher Stelle aufzuhängen.

Anlage III.

Vorschriften über den Geschäftsbetrieb der Herausgeber von Stellen- und Vakanzenlisten vom 18. August 1910 (HMBl. 470).

Auf Grund des § 8 des Stellenvermittlergesetzes vom 2. Juni 1910 (RGBl. S. 860) bestimme ich über den Umfang der Befugnisse und Verpflichtungen sowie über den Geschäftsbetrieb der Herausgeber von Stellen- und Vakanzenlisten folgendes:

1. Gewerbetreibende, die durch Herausgabe von Stellen- und Vakanzenlisten Stellenvermittlung betreiben, haben die Verlegung der Geschäftsräume und jede auch nur vorübergehende Einstellung des Geschäftsbetriebs binnen 3 Tagen der Ortspolizeibehörde anzuzeigen.

2. In die Stellen- und Vakanzenlisten dürfen nur solche Beschäftigungsangebote und Beschäftigungsgesuche aufgenommen werden, welche dem Gewerbetreibenden von dem Beteiligten schriftlich oder telephonisch mit dem Ersuchen um Aufnahme in die Stellen- oder Vakanzenliste zugehen. Jedes telephonisch eingehende Gesuch hat der Stellenvermittler auf ein besonderes Blatt niederzuschreiben. Beschäftigungsangebote und Beschäftigungsgesuche, die in Zeitungen oder Zeitschriften enthalten sind, dürfen nur auf Grund eines schriftlichen Gesuchs des Inserenten aufgenommen werden.

3. Die Stellenvermittler haben ein Geschäftsbuch nach dem anliegenden Muster **A** zu führen. Das Geschäftsbuch muß dauerhaft gebunden, mit fortlaufenden Seitenzahlen versehen sein und vor der Ingebrauchnahme von der Ortspolizeibehörde unter Be-

glaubigung der Seitenzahlen abgestempelt werden. Im Geschäftsbuche dürfen weder Rasuren vorgenommen noch Eintragungen unleserlich gemacht werden; auch darf das Geschäftsbuch weder ganz noch zum Teil vernichtet werden. Für Beschäftigungsangebote und Beschäftigungsgesuche kann je ein besonderes Geschäftsbuch geführt werden.

4. Die Stellenvermittler haben die eingehenden Gesuche um Aufnahme von Beschäftigungsangeboten oder Beschäftigungsgesuchen in die Stellen- und Vakanzenliste im Laufe des Tages, an dem sie eingehen, in das Geschäftsbuch unter fortlaufender Nummer einzutragen.

In gleicher Weise ist der Eingang von Zahlungen zu vermerken.

5. Alle Eintragungen und alle Schriftstücke müssen in deutscher Sprache und mit Tinte bewirkt werden. Der Stellenvermittler ist auch dann für die ordnungsmäßige Führung des Geschäftsbuchs persönlich verantwortlich, wenn er sie einem Dritten übertragen hat.

6. Das Geschäftsbuch ist alljährlich sowie beim Einstellen des Gewerbebetriebs abzuschließen und binnen 14 Tagen nach Anfang des nächsten Kalenderjahrs oder nach Einstellung des Gewerbebetriebs der Ortspolizeibehörde zur Bestätigung des Abschlusses einzureichen. Das abgeschlossene Geschäftsbuch ist 5 Jahre lang aufzubewahren. Nach dem Abschluß dürfen weitere Eintragungen nicht mehr gemacht werden. Die Ortspolizeibehörde kann die Führung eines Geschäftsbuchs für einen längeren Zeitraum gestatten.

7. Die Gesuche um Aufnahme von Beschäftigungsangeboten und Beschäftigungsgesuchen in die Stellen- und Vakanzenliste sind mit dem Datum des Eingangs und der Nummer des Geschäftsbuchs zu versehen. Auch sind auf ihnen die Nummern der Stellen- und Vakanzenliste, in denen sie veröffentlicht sind, und die Insertionsgebühren zu vermerken. Die Gesuche sind, nach der Nummer geordnet, 2 Jahre lang aufzubewahren.

8. In den Inseraten der Stellen- und Vakanzenlisten ist die Nummer des Geschäftsbuchs anzugeben. Die Listen sind mit fort-

laufenden Nummern zu versehen; dabei ist in jedem Kalenderjahr mit der Nummer 1 zu beginnen.

Stellen- und Vakanzenlisten müssen in Einzelnummern, Wochen- oder Monatsabonnements beziehbar sein. Eine andere Bezugsweise ist unzulässig. Auf den Listen sind der Name und Wohnort (Straße und Hausnummer) des Herausgebers sowie der Preis der Einzelnummer und der Abonnementspreis zu vermerken.

9. Die Stellenvermittler haben ferner über die Einnahmen an Abonnementsgebühren ein Abonnentenbuch nach dem anliegenden Muster B zu führen. Auf dieses Geschäftsbuch finden die Vorschriften unter Ziffer 3, 4 Abs. 2, Ziffer 5 und 6 entsprechende Anwendung.

10. Die Stellenvermittler sind verpflichtet, ihren Familiennamen und mindestens einen ausgeschriebenen Vornamen mit dem Zusatz „gewerbsmäßiger Stellenvermittler", in deutlich lesbarer Schrift an der Straßenseite des Hauses auf, über oder neben dem Hauseingang und am Eingang zu den Geschäftsräumen anzubringen.

11. Die Stellenvermittler haben alle Anzeigen in Zeitungen, Anschlägen, Reklamen und dergleichen mit der genauen Angabe des Geschäftslokals, ihren Vor- und Zunamen und der in Ziffer 10 angeordneten Bezeichnung zu versehen. Abkürzungen sind verboten.

12. Die Stellenvermittler haben über alle ihnen nicht durch die Post zugehenden Zahlungen sofort Quittungen auszustellen. Sie dürfen nur die auf Grund des § 5 des Stellenvermittlergesetzes festgesetzten Gebühren erheben.

13. Den Stellenvermittlern ist jede Tätigkeit, die auf die Zuweisung einer bestimmten Stelle an einen Stellensuchenden oder auf die Zuweisung eines Stellensuchenden an einen bestimmten Arbeitgeber abzielt, verboten.

14. Die Polizeibehörden und ihre Organe sind befugt, in den Geschäftsbetrieb der Stellenvermittler jederzeit Einsicht zu nehmen. Die Stellenvermittler sind verpflichtet, den Beamten jederzeit den Zutritt zu allen für den Geschäftsbetrieb bestimmten Räumlichkeiten zu gestatten, ihnen alle Geschäftsbücher und Geschäftspapiere auf Verlangen im Dienstraume der Polizeibehörde vorzulegen und

jede über den Geschäftsbetrieb verlangte Auskunft wahrheitsgetreu zu erteilen.

15. Diese Vorschriften treten am 1. Oktober 1910 in Kraft. Jedem Geschäftsbuch ist ein Abdruck des Stellenvermittlergesetzes und dieser Vorschriften vorzuheften.

Zuwiderhandlungen gegen diese Vorschriften werden nach § 13 Abs. 1 Ziffer 1 des Stellenvermittlergesetzes mit Geldstrafe bis zu 150 M. und im Unvermögensfalle mit Haft bestraft.

Vorschriften über den Betrieb nicht gewerbsmäßiger Stellenvermittlungen vom 21. August 1910.

Erl. des Handels-, Landwirtschafts- und Ministers des Innern.

Auf Grund des § 15 des Stellenvermittlergesetzes vom 2. Juni 1910 (RGBl. 860) haben wir über den Geschäftsbetrieb der nicht gewerbsmäßigen Stellenvermittlungen, die Stellen für das Gesinde oder für die in der Landwirtschaft oder im Gast- und im Schankwirtschaftsgewerbe beschäftigten Personen vermitteln, die anliegenden Vorschriften erlassen. Sie wollen diese Vorschriften als Beilage zum Amtsblatt sogleich veröffentlichen.

Die erforderliche Zahl Druckexemplare wird Ihnen die Buchdruckerei Julius Sittenfeld hierselbst zugehen lassen.

Die Deutsche Feldarbeiterzentralstelle in Berlin, die sich bekanntlich mit der Vermittlung ausländischer Wanderarbeiter befaßt, würde, obwohl die einzelnen Landwirtschaftskammern, also öffentliche Körperschaften, Träger der Einrichtung sind, an sich durch die Ausnahmevorschrift in Ziffer 12 Satz 2 nicht getroffen werden. Wir bestimmen daher, daß die anliegenden Vorschriften bei der Deutschen Feldarbeiterzentrale außer Anwendung bleiben.

Die Ortspolizeibehörden haben sich die sorgfältige Überwachung der bezeichneten nicht gewerbsmäßigen Stellenvermittlungen angelegen sein zu lassen und hierbei nach den für die gewerbsmäßigen Stellenvermittler ergangenen Anweisungen entsprechend zu verfahren.

Anlage.

Auf Grund des § 15 des Stellenvermittlergesetzes vom 2. Juni 1910 (RGBl. 860) bestimmen wir über den Geschäftsbetrieb der nicht gewerbsmäßigen Stellenvermittlungen, die Stellen für das Gesinde oder für die in der Landwirtschaft oder im Gast- und im Schankwirtschaftsgewerbe beschäftigten Personen vermitteln folgendes:

1. Die Eröffnung des Betriebes ist binnen drei Tagen der Ortspolizeibehörde, in deren Bezirk sich die Geschäftsräume befinden, anzuzeigen. Bei bestehender Stellenvermittlung ist diese Anzeige bis zum 4. Oktober 1910 zu erstatten.

2. Wer eine Stellenvermittlung eröffnet, hat einen Geschäftsleiter zu bestellen, der für die Erfüllung der polizeilichen Vorschriften verantwortlich ist. Der Name des Geschäftsleiters ist der in Ziffer 1 bezeichneten Ortspolizeibehörde spätestens drei Tage nach der Eröffnung anzuzeigen; für bestehende Stellenvermittlungen ist diese Anzeige bis zum 4. Oktober 1910 zu erstatten. Änderungen in der Person des Geschäftsführers sind spätestens drei Tage nach Eintritt des Wechsels anzuzeigen.

3. Die Ortspolizeibehörde hat die Entlassung von Geschäftsleitern, die für die Stellenvermittlung oder hinsichtlich ihrer persönlichen Verhältnisse unzuverlässig sind, herbeizuführen. Die Beschäftigung von Hilfspersonal ist nur mit Erlaubnis der Ortspolizeibehörde gestattet. Als Hilfspersonal gelten einschließlich der Familienangehörigen des Geschäftsleiters alle Personen, welche im Betriebe der Stellenvermittlung beschäftigt sind. Die Erlaubnis darf nur solchen Personen erteilt werden, welche für den Geschäftsbetrieb und hinsichtlich ihrer persönlichen Verhältnisse die erforderliche Zuverlässigkeit besitzen und keins der im § 3 des Stellenvermittlergesetzes aufgeführten Gewerbe betreiben.

Der Antrag auf Erteilung der Erlaubnis ist für jede Hilfsperson schriftlich unter Beifügung einer unaufgezogenen Photographie in Visitkartenformat zu beantragen.

In die Bescheinigung über die Erlaubnis ist die Photographie einzukleben und abzustempeln. Ferner sind in der Bescheinigung der Rufname, der Zuname und die Wohnung der Hilfsperson sowie die Bezeichnung der Stellenvermittlung, in deren Betriebe die Beschäftigung stattfinden darf, anzugeben.

Die Erlaubnis ist zu widerrufen, wenn die Voraussetzungen, unter denen sie erteilt wurde, nicht mehr vorliegen oder wenn die betreffende Person den Vorschriften zuwiderhandelt.

Der Geschäftsleiter hat die Bescheinigung binnen drei Tagen nach Beendigung des Beschäftigungsverhältnisses oder nach Widerruf der Erlaubnis der Ortspolizeibehörde zurückzureichen.

4. Auf die Führung der Geschäftsbücher finden die Ziffern 1 bis 5 der Vorschriften über den Geschäftsbetrieb der gewerbsmäßigen Stellenvermittler vom 16. August 1910 (HMBl. 455) entsprechende Anwendung.

5. An der Straßenseite des Hauses auf, über oder neben dem Hauseingang und am Eingange zu den Geschäftsräumen ist in deutlich lesbarer Schrift die nähere Bezeichnung der Stellenvermittlung mit dem Zusatze: „Nicht gewerbsmäßige Stellenvermittlung", sowie der Name des Vereins, der Gesellschaft, der Firma usw., von denen die Stellenvermittlung" unterhalten wird, und der Name des Geschäftsleiters anzubringen. Weitere Bezeichnungen sowie Abkürzungen sind unzulässig.

6. Anzeigen in Zeitungen, Anschlägen, Reklamezetteln und dergleichen sind mit der genauen Angabe der Geschäftsräume und mit der Bezeichnung „nicht gewerbsmäßige Stellenvermittlung" zu versehen. Abkürzungen sind unzulässig. Im übrigen findet Ziffer 7 Abs. 2, 3 der Vorschriften für gewerbsmäßige Stellenvermittler entsprechende Anwendung.

7. Die Geschäftsräume dürfen sich nicht in Räumen befinden, in denen ein Gewerbe ausgeübt wird, auch darf der Zugang zu den Geschäftsräumen der Stellenvermittlung nicht durch Räume erfolgen, in denen ein Gewerbe ausgeübt wird. Die Ortspolizeibehörde kann den Geschäftsbetrieb in Häusern, in denen oder in deren unmittelbarer Nähe sich eine Gast- oder Schankwirtschaft oder eine Kleinhandlung mit geistigen Getränken befindet, verbieten.

8. Dem Geschäftsleiter und seinem Hilfspersonal (Ziffer 3) ist der Betrieb der im § 3 des Stellenvermittlergesetzes bezeichneten Gewerbe untersagt.

9. Vereine, deren Zweck ausschließlich oder vorwiegend auf die Stellenvermittlung gerichtet ist, dürfen weder Eintrittsgelder noch Beiträge erheben.

10. Die Gebühren werden von der Ortspolizeibehörde festgesetzt; sie dürfen nur so bemessen werden, daß sie lediglich zur Bestreitung der Unkosten der Stellenvermittlung ausreichen. Im übrigen finden § 4 des Stellenvermittlergesetzes und Ziffer 17 bis 21 der Vorschriften für gewerbsmäßige Stellenvermittler Anwendung.

11. Für den Geschäftsleiter und sein Hilfspersonal (Ziffer 3) gelten die Ziffern 8, 10 bis 14, 16 der Vorschriften für gewerbsmäßige Stellenvermittler entsprechend.

12. Diese Vorschriften treten am 1. Oktober 1910 in Kraft. Sie finden keine Anwendung auf gemeinnützige Stellennachweise öffentlicher Körperschaften und andere gemeinnützige Stellennachweise, die aus öffentlichen Mitteln unterstützt werden. Der Regierungspräsident (im Landespolizeibezirke Berlin der Polizeipräsident) kann weitere nicht gewerbsmäßige Stellenvermittlungen von der Beobachtung der Vorschriften widerruflich entbinden.

IIIa. Erlaß des Ministers für Handel und Gewerbe betr. Ausführung des Gesetzes über Änderung der Gewerbeordnung, vom 27. Dezember 1911. Vom 13. Februar 1912 (HMBl. 58).

Am 1. April d. J. tritt das Gesetz, betreffend Änderung der Gewerbeordnung, vom 27. Dezember v. Js. (RGBl. 1912 S. 139) in Kraft.

I. Auf dem Gebiete des Fortbildungsschulwesens sind die geltenden Bestimmungen (§ 120) in folgenden Punkten erweitert worden:

1. Die Ermächtigung der Gemeinden und weiteren Kommunalverbände, die männlichen Arbeiter unter 18 Jahren und die weiblichen Handlungsgehilfen und -lehrlinge unter 18 Jahren durch

statutarische Bestimmung zum Besuch einer Fortbildungsschule zu verpflichten, ist auf alle der Gewerbeordnung unterstehende weibliche Arbeiter unter 18 Jahren ausgedehnt.

2. Die durch statutarische Bestimmung eingeführte Fortbildungsschulpflicht der jugendlichen Arbeiter erstreckt sich auch auf die Zeit ihrer Arbeitslosigkeit. Vor Erreichung der statutarisch dafür festgesetzten oberen Altersgrenze erlischt also die Fortbildungsschulpflicht nicht mit dem Ausscheiden aus dem gewerblichen Arbeitsverhältnis, sondern nur mit dem Eintritt in eine nicht unter die Bestimmungen der Gewerbeordnung fallende Beschäftigung, z. B. als häuslicher Dienstbote.

3. Wenn eine Gemeinde oder ein weiterer Kommunalverband ungeachtet einer von der höheren Verwaltungsbehörde auf Antrag beteiligter Arbeitgeber oder Arbeiter an sie erlassenen Aufforderung innerhalb der gesetzten Frist die Fortbildungsschulpflicht für die gewerblichen Arbeiter unter 18 Jahren nicht durch Statut einführt, so kann die höhere Verwaltungsbehörde diese Pflicht durch Anordnung einführen.

Höhere Verwaltungsbehörde ist in diesem Falle der Regierungspräsident, für Berlin der Oberpräsident.

Die vorliegende Bestimmung bietet die Handhabe, das Fortbildungsschulwesen auch da zu fördern, wo bisher ein selbständiges Vorgehen der Gemeinden und weiteren Kommunalverbände aus irgendwelchen Gründen nicht zu erreichen war. Mit ihrer Hilfe ist nunmehr zunächst in den Gemeinden mit 10 000 oder mehr Einwohnern im Verwaltungsweg auf die gleichmäßige Durchführung der Fortbildungsschulpflicht für alle Gruppen der männlichen gewerblichen Arbeiten hinzuwirken, sei es, daß Pflichtfortbildungsschulen errichtet werden, wo solche noch nicht bestehen, sei es, daß die Schulpflicht auf Gruppen von gewerblichen Arbeitern ausgedehnt wird, die vom Statut bisher freigelassen waren. Besonders gilt dies von den Fabrikarbeitern und den ungelernten Arbeitern. Auch kleineren Gemeinden gegenüber ist von der Bestimmung Gebrauch zu machen, wo die Beeinträchtigung des Besuchs einer Pflichtfortbildungsschule dadurch eingetreten oder zu erwarten ist, daß die Schulpflichtigen in einer nahe gelegenen

Gemeinde Arbeit nehmen, in der sie bislang nicht fortbildungsschulpflichtig sind.

Für das Vorgehen der Behörden ist folgendes zu beachten:

Unter allen Umständen ist der Versuch zu machen, mit der beteiligten Gemeinde usw. im Wege der Verhandlung zum Einvernehmen zu gelangen, bevor von der durch § 120 Absatz 4 gewährten Befugnis Gebrauch gemacht wird. Sodann ist auf die Finanzlage der Gemeinde usw. angemessene Rücksicht zu nehmen, namentlich auch zu prüfen, wieweit etwa das Bedürfnis zur Gewährung eines Staatszuschusses vorliegt und, sofern Ihnen die Mittel dazu nicht zur Verfügung stehen, meine Entscheidung darüber einzuholen. Gegebenenfalls ist für den Erlaß der Anordnung das Normalstatut (s. HMBl. 1903 S. 411, 1907 S. 318, 1909 S. 119) als Anhalt zu nehmen und in der Regel zu bestimmen, daß die Schulpflicht jahrgangsweise eingeführt wird.

Die im § 120 Absatz 4 vorgesehene Aufforderung setzt einen Antrag beteiligter Arbeitgeber oder Arbeiter voraus. An solchen Anträgen wird es voraussichtlich nicht fehlen, da die Einsicht in den Wert eines geordneten Fortbildungsschulbesuchs sich immer mehr verbreitet. Selbstverständlich ist die Anknüpfung von Verhandlungen mit den Gemeinden usw. über den Ausbau des Fortbildungsschulwesens von derartigen Anträgen nicht abhängig, sondern wird nach ihrem pflichtmäßigen Ermessen zu erfolgen haben.

4. Die Unterrichtszeiten werden von der hierfür nach Landesrecht zuständigen Behörde — das ist der Gemeindevorstand, bei Zweckverbänden der Verbandsvorsteher, bei Kreisen der Landrat — festgesetzt und bekanntgemacht. Hierdurch ist die nach mehreren Entscheidungen des Kammergerichts (vgl. Erlaß vom 20. April 1909, IV. 3747) zu fordernde Festsetzung der Unterrichtszeiten in den Formen statutarischer Regelung entbehrlich geworden. In der Regel wird sich die für amtliche Bekanntmachungen sonst übliche Form empfehlen; es genügt aber auch jede andere Form, die die festgesetzten Unterrichtszeiten ausreichend zur Kenntnis der Schulpflichtigen und ihrer Arbeitgeber bringt.

II. Auf dem Gebiete des Arbeiterschutzes enthält es in der Hauptsache folgende Abweichungen von dem geltenden Rechte:

1. Die Vorschriften des bisherigen § 114a über Lohnbücher und Arbeitszettel werden durch die neuen §§ 114a bis 114e ersetzt. Bis zum Erlaß der darin vorgesehenen neuen Bestimmungen durch den Bundesrat bleiben die bestehenden Bestimmungen des Bundesrats in Kraft.

2. An Stelle des bisherigen § 120e treten die neuen §§ 120e bis 120g.

§ 120e regelt die bisher in § 120e Absatz 1 und 2 behandelte Befugnis des Bundesrats, der Landeszentralbehörden und der Polizeibehörden, allgemeine Vorschriften darüber zu erlassen, welchen Anforderungen in bestimmten Arten von Anlagen zur Durchführung der in den §§ 120a bis 120c enthaltenen Grundsätze zu genügen ist, und ermächtigt — abweichend vom geltenden Rechte — die genannten Behörden, in diese Vorschriften auch Anordnungen über das Verhalten der Arbeiter im Betrieb aufzunehmen.

§ 120f regelt die bisher im § 120e Absatz 3 behandelte Befugnis, für solche Gewerbe, in welchen durch übermäßige Dauer der täglichen Arbeitszeit die Gesundheit der Arbeiter gefährdet wird, die Dauer der zulässigen täglichen Arbeitszeit vorzuschreiben. Während diese Befugnis bisher allein dem Bundesrate vorbehalten war und von ihm nur für alle Betriebe eines Gewerbszweigs gleichmäßig ausgeübt werden konnte, wird sie durch den neuen § 120f auch den Landeszentralbehörden und den Polizeibehörden eingeräumt und für die Polizeibehörden zugleich dahin erweitert, daß sie, wenn nur in einzelnen Betrieben eine übermäßige, die Gesundheit der Arbeiter gefährdende Arbeitszeit besteht, diese auch im Wege der Einzelverfügung einschränken können.

§ 120g gibt die bisher in § 120e Absatz 4 enthaltene Vorschrift wieder.

Bei der Ausführung dieser Bestimmungen sind die Nummern 198 bis 202 der Ausführungsanweisung vom 1. Mai 1904 (HMBl. 123) sinngemäß zu beachten. Von ihrer Ergänzung sehe ich einstweilen ab. Wer als zuständige Polizeibehörde im Sinne der §§ 120e und 120f zu gelten hat, ergibt sich aus Nr. 5 der Ausführungsanweisung vom 1. Mai 1904.

3. In § 134 ist die bisherige Vorschrift, daß in Fabriken für die minderjährigen Arbeiter Lohnzahlungsbücher einzurichten sind, beseitigt; dagegen ist nunmehr vorgeschrieben worden, daß in allen Betrieben mit mindestens 20 Arbeitern den Arbeitern bei der regelmäßigen Lohnzahlung ein schriftlicher Beleg über den Betrag des verdienten Lohnes und der einzelnen Arten der vorgenommenen Abzüge auszuhändigen ist. Zuwiderhandlungen gegen diese Vorschrift sind durch § 150 Absatz 1 Nr. 2 mit Strafe bedroht.

Es erscheint deshalb geboten, alsbald die von ihr betroffenen Gewerbeunternehmer in geeigneter Weise auf sie aufmerksam zu machen. Es wird sich empfehlen, hierzu auch die Hilfe der Tageszeitungen in Anspruch zu nehmen und diese zu einem Abdruck des vollständigen Wortlauts des § 134 Absatz 2 nebst einem Hinweis auf sein Anwendungsgebiet und die Strafandrohung in § 150 Absatz 1 Nr. 2 zu veranlassen.

4. In den Strafbestimmungen sind außerdem folgende Änderungen eingetreten.

a) In § 146 Absatz 1 Nr. 2 sind den auf Grund der §§ 139, 139 a erlassenen Bestimmungen die auf Grund der §§ 120 e, 120 f erlassenen Bestimmungen gleichgestellt; beide Klassen von Bestimmungen sind aber in Zukunft der Strafandrohung in § 146 Absatz 1 Nr. 2 nur insoweit unterstellt, als in ihnen die Verwendung der Arbeiter zu bestimmten Beschäftigungen untersagt ist, oder Arbeitsruhe, Nachtruhe oder Pausen geregelt sind.

b) Zuwiderhandlungen der Arbeiter gegen Bestimmungen des Bundesrats über ihr Verhalten im Betrieb (§ 120 e Absatz 1 Satz 2) unterliegen der Strafandrohung im § 150 a.

c) Alle nicht unter a und b erwähnten Zuwiderhandlungen gegen die auf Grund der §§ 120 e, 120 f, 139 und 139 a erlassenen Bestimmungen fallen unter die Strafvorschrift in § 147 Absatz 1 Nr. 4.

d) Bei den in § 146 Absatz 1 Nr. 2 bezeichneten Vergehen und bei denjenigen in § 146 a bezeichneten Vergehen, bei welchen es sich um Zuwiderhandlungen gegen § 105 b bis 105 g handelt, ist für den zweiten Rückfall eine wesentliche Strafverschärfung vorgesehen.

Zur Vermeidung von Mißverständnissen ist es geboten, daß sich die Gewerbeinspektoren bei etwaigen einschlägigen Strafanträgen stets ausdrücklich auf die Bestimmungen des Gesetzes vom 27. Dezember 1911 (RGBl. 1912 S. 139) beziehen und, wenn es sich um einen Rückfall handelt, dies in dem Strafantrag ausdrücklich hervorheben. Zu diesem Zwecke haben die Gewerbeinspektoren in Zukunft in den Katasterblättern, die sie nach Nr. III 5 der Vorschriften für den inneren Dienst vom 3. Juni 1901 — III a 2062 — zu führen haben, jede vorkommende Bestrafung zu vermerken.

Ich ersuche Sie, die beteiligten Behörden auf die Änderungen in den gesetzlichen Bestimmungen hinzuweisen.

IIIb. Erlaß der Minister für Handel und des Innern, betr. Ausführung des Hausarbeitgesetzes vom 20. Dezember 1911 und vom 16. März 1912 (HMBl. 94).

Zur Ausführung des Hausarbeitgesetzes vom 20. Dezember 1911 (RGBl. 976) haben wir die in fünf Abdrücken angeschlossene Anweisung vom heutigen Tage erlassen. Sie wollen diese alsbald in einer Beilage des Regierungsamtsblatts veröffentlichen und den Polizeibehörden Ihres Bezirks je einen Abdruck sofort zugehen zu lassen. Die Drucklegung der Beilage ist der Buchdruckerei von Julius Sittenfeld übertragen, die Ihnen den für die Ortspolizeibehörden erforderlichen Bedarf demnächst zugehen lassen wird.

Der durch das Gesetz neu geschaffene Begriff des Hausarbeiters ist, wie § 1 ergibt, kein wirtschaftlicher, sondern ein gewerbepolizeilicher, insofern durch das Gesetz über den Rahmen der bestehenden reichsgesetzlichen Vorschriften hinaus eine behördliche Regelung auch für diejenigen Betriebe ermöglicht werden soll, welche keine fremden Personen im Arbeitsverhältnis beschäftigen. Unter den Begriff des Hausarbeiters fallen auch, soweit sie nicht nach § 1 Abs. 1 Satz 2 ausgenommen sind, abweichend von § 119 b GewO. solche Personen, die nicht für bestimmte Gewerbetreibende arbeiten, sondern mit der Anfertigung gewerblicher Erzeugnisse auf Vorrat und unmittelbar für den Verbrauch beschäftigt sind. Anderseits sind solche Personen, die für bestimmte Gewerbetreibende außerhalb der Arbeitsstätten der letzteren mit der Anfertigung gewerblicher Erzeugnisse beschäftigt sind (§ 119 b GewO.), dann keine Hausarbeiter im Sinne des Gesetzes und daher den für diese vorgesehenen Bestimmungen nicht unterworfen, wenn sie ihrerseits wieder in ihren Werkstätten oder Arbeitsstuben Lohnarbeiter beschäftigen. Sie werden jedoch von den Vorschriften des Gesetzes über die Beschäftigung von Hausarbeitern insoweit erfaßt, als sie selbst noch solche beschäftigen.

Sogenannte Zwischenmeister, die in ihren Werkstätten oder Arbeitsstuben ausschließlich zu ihrer Familie gehörige Personen beschäftigen, gelten insoweit gemäß § 1 Abs. 1 Nr. 1 des Gesetzes als Hausarbeiter. Beschäftigen sie außerdem noch Hausarbeiter, so unterliegen sie gleichfalls den für die Beschäftigung von Hausarbeitern vorgesehenen gesetzlichen Bestimmungen. Der Begriff der Beschäftigung in Familienbetrieben im Sinne des § 1 Abs. 1 Nr. 1 setzt, wie wir im übrigen bemerken, nicht das Vorhandensein eines gewerblichen Arbeitsvertrags und auf Seiten des Beschäftigten nicht die Eigenschaft eines gewerblichen Arbeiters voraus. Als beschäftigt gelten die Familienangehörigen vielmehr schon dann, wenn sie bei der Arbeit tatsächlich helfen.

Die in Nr. 4—7 und Nr. 8 der Ausführungsanweisung vorgeschriebene nähere Prüfung wegen Inkraftsetzung der §§ 3 und 4 des Gesetzes liegt den Regierungspräsidenten, für Berlin dem Polizeipräsidenten ob. Über das Ergebnis ersuche ich, der Minister für Handel und Gewerbe, mir bis zum 1. Oktober d. J. zu berichten.

Der Minister für Handel und Gewerbe.
Dr. Sydow.
Der Minister des Innern.
J. A.: Dr. Freund.

III. 1804 M. f. H. — II e. 686 M. d. J.

An die Herren Regierungspräsidenten und zur gleichmäßigen Beachtung an den Herrn Polizeipräsidenten, hier.

Anlage.

Zur Ausführung des Hausarbeitgesetzes vom 20. Dezember 1911 (RGBl. 976) wird folgendes bestimmt:

Behörden.

1. Unter der Bezeichnung höhere Verwaltungsbehörde im Sinne der § 5 Abs. 3, § 9 Abs. 3 ist zu verstehen: für den Landespolizeibezirk Berlin der Oberpräsident, im übrigen der Regierungspräsident.

2. Als Polizeibehörden im Sinne der § 10 Abs. 3, §§ 14, 16 gelten die zum Erlaß von Polizeiverordnungen berechtigten Behörden, als Polizeibehörde im Sinne der § 5 Abs. 1, § 6 Abs. 1 gilt der Gewerbeinspektor, im übrigen gelten als Polizeibehörden die Ortspolizeibehörden.

3. Unter der Bezeichnung Ortspolizeibehörde ist derjenige Beamte oder diejenige Behörde zu verstehen, welchen die Verwaltung der örtlichen Polizei obliegt.

Bekanntgebung der Löhne (§ 3).

4. Um die nach § 34 des Gesetzes einstweilen noch vorbehaltene Inkraftsetzung der Bestimmungen des § 3 wegen offener Auslegung von Lohnverzeichnissen oder Lohntafeln vorzubereiten, ist alsbald in eine nähere Prüfung darüber einzutreten, für welche Gewerbezweige oder Betriebsarten etwa Ausnahmen von der Vorschrift erforderlich erscheinen.

5. Dabei wird, nachdem nunmehr im Gesetze die Vorschrift zur allgemein bindenden Regel erklärt worden ist, davon auszugehen sein, daß gegenüber dem mit der Bestimmung verfolgten Zwecke der Umstand, daß ihre Befolgung dem Unternehmer gewisse Schwierigkeiten bereitet und daß anderseits die Lohnsätze auch ohnehin für genügend bekannt erachtet oder sonst von der Durchführung der Bestimmung wesentliche Vorteile für die Hausarbeiter nicht erwartet werden, zur Begründung der Ausnahme als ausreichend nicht angesehen werden kann. Auch soweit es sich um eine erheblichere Zahl von Lohnsätzen in einem Betriebe handelt, wird vielmehr zunächst zu prüfen sein, ob nicht der Vorschrift durch zweckmäßige Anordnung der Verzeichnisse oder Lohntafeln, beispiels-

weise in der Weise, daß sie um eine aufrechtstehende Mittelachse beweglich sind, genügt werden kann.

6. Näherer Prüfung bedarf es namentlich hinsichtlich solcher Gewerbezweige, in denen neben einer großen Zahl von Lohnsätzen zugleich regelmäßig ein häufiger Wechsel in diesen vorkommt, sowie hinsichtlich solcher Zweige der Hausarbeit, in welchen der Hausarbeiter das Erzeugnis aus einem von ihm zu beschaffenden Stoffe herstellt. In den letztbezeichneten Fällen kann es, je nachdem der zugrunde liegende Vertrag als Werkvertrag oder als Dienstvertrag angesehen wird, zweifelhaft sein, ob das dem Hausarbeiter gewährte Entgelt Preis oder Lohn darstellt (vgl. Lotmar, der Arbeitsvertrag nach dem Privatrecht des Deutschen Reiches, Bd. I, S. 183, 189, 196, 208/9, Bd. II S. 851/2, 885/6, 895, 903, 910). Soweit solche Zweifel bestehen, werden die einschlägigen Zweige der Hausarbeit, zumal die Zuwiderhandlung gegen den § 3 Abs. 1 im Gesetz unter Strafe gestellt ist, im allgemeinen dieser Vorschrift nur dann unterstellt werden können, wenn es sich in diesen Fällen zugleich als tunlich erweisen sollte, gemäß § 3 Abs. 3 auch die Bekanntgebung der Preise für die in Betracht kommenden Arbeitserzeugnisse anzuordnen. Inwieweit dies der Fall ist, wird gleichfalls näher zu prüfen sein.

7. Die Gewährung von Ausnahmen durch den Bundesrat hat nach § 3 Abs. 2 des Gesetzes den Antrag Beteiligter zur Voraussetzung.

Lohnbücher und Arbeitszettel (§ 4).

8. Damit die im § 34 des Gesetzes gleichfalls vorbehaltene Inkraftsetzung des § 4 vorbereitet wird, bedarf es auch insoweit alsbald einer näheren Prüfung, welche Ausnahmen etwa gemäß § 4 Abs. 2 in Frage kommen. Dabei bleibt nach § 4 Abs. 3 die Kleider- und Wäschekonfektion außer Betracht. (Vgl. Bekanntmachung, betr. die Einführung von Lohnbüchern für die Kleider- und Wäschekonfektion, vom 9. Dezember 1902, RGBl. 295.)

9. Ausnahmen werden gegenüber der allgemein verpflichtenden Vorschrift des Gesetzes lediglich damit, daß über den Arbeitsverdienst Unklarheit bei den Hausarbeitern nicht besteht, auch hier

nicht begründet werden können. Für die Prüfung der Frage inwieweit Ausnahmen erforderlich sind, wird zu beachten sein, daß das Gesetz, sofern nur die Lohnbücher oder Arbeitszettel die vorgeschriebenen Angaben über Art und Umfang der übertragenen Arbeit sowie über die dafür festgesetzten Löhne oder Preise enthalten, ihre nähere Einrichtung in das Belieben der Unternehmer stellt.

Vermeidung unnötigen Zeitverlustes für die Hausarbeiter bei Empfangnahme und Ablieferung der Arbeit (§ 5).

10. Damit die bei der Empfangnahme und bei der Ablieferung der Arbeit für die Hausarbeiter entstehende Zeitversäumnis auf das durch die Natur des Betriebs erforderte und gerechtfertigte Maß beschränkt bleibt, haben die Gewerbeaufsichtsbeamten bei solchen Betrieben, welche Hausarbeiter in größerer Zahl beschäftigen und nicht ihrerseits die Arbeit den Hausarbeitern zustellen und sie von ihnen wieder abholen lassen, fortgesetzt darauf zu achten, daß die zur Ausgabe und Abnahme der Arbeit bestimmten Räume mit einer der Zahl der regelmäßig abzufertigenden Hausarbeiter angemessenen Zahl von Ausgabe- und Abnahmeschaltern oder sonstigen Abfertigungsstellen versehen, und daß diese Stellen auch entsprechend dem Bedürfnisse jeweilig in Betrieb sind. Für die Erreichung des angegebenen Zweckes kommt weiter auch eine zweckentsprechende Regelung des Betriebs in den Ausgabe- und Lieferstuben z. B. in der Richtung in Betracht, daß für die einzelnen Arten der Arbeitserzeugnisse oder auch für die Hausarbeiter je nach dem Anfangsbuchstaben ihrer Namen (z. B. von A bis M und von N bis Z) verschiedene Ausgabe- und Lieferzeiten festgesetzt werden. Mit Rücksicht auf die durch eine solche Regelung eintretende Beschränkung der Lieferfreiheit der Hausarbeiter wird es sich empfehlen, vorher die beteiligten Hausarbeiter zu hören. Auch kann, zumal für Betriebe mit einer erheblichen Zahl von Hausarbeitern, eine Anordnung darüber zweckdienlich sein, daß die an die einzelnen Hausarbeiter neu auszuteilende Arbeit nicht erst nach der Lieferung zusammengestellt, sondern soweit tunlich schon vorher bereitgelegt wird.

11. Anordnungen, die über die Einrichtung der Betriebsstätte und die Regelung des Betriebs in den Ausgabe- und Abnahmeräumen hinausgehen, also z. B. die Zusendung der Arbeit durch den Unternehmer an die Hausarbeiter bezwecken, sind nach dem Gesetze nicht zulässig.

12. Wo nach den Erlassen vom 28. April 1896 und 25. Januar 1897 — M. f. H. u. G. B 1666 und 11923 — alle Baugesuche, die gewerbliche Anlagen betreffen, vor der Genehmigung den Gewerbeinspektionen zur Begutachtung übersandt werden, wird sich bei solchen Betrieben, die Hausarbeiter in größerer Zahl beschäftigen, die Prüfung der Gewerbeaufsichtsbeamten zweckmäßig auch darauf erstrecken, ob für die Ausgabe und Abnahme der Hausarbeit ausreichende Räume vorgesehen sind.

Polizeiliche Verfügungen (§§ 6 bis 9), Polizeiverordnungen (§ 10 Abs. 3, §§ 15, 16).

13. Polizeiliche Verfügungen auf Grund des § 6 können insoweit erlassen werden, als sich aus der Art der Beschäftigung Gefahren für Leben, Gesundheit oder Sittlichkeit und zwar nicht nur der Hausarbeiter selbst, sondern auch ihrer nicht gewerblich beschäftigten Familienangehörigen ergeben. Der Erlaß der Verfügung ist durch das Gesetz an den Antrag des Gewerbeaufsichtsbeamten geknüpft und damit noch besonders zum Ausdrucke gebracht, daß die Verfügungen in Anpassung an die Eigenart des Gewerbezweigs und unter pfleglicher Berücksichtigung der Lage des Einzelfalls ergehen sollen. Diesem Erfordernis des Gesetzes wird ohne weiteres dann genügt, wenn die Gewerbeinspektoren, wozu sie durch Nr. 2 dieser Anweisung hinsichtlich der Maßnahmen gemäß § 6 Abs. 1 ausschließlich für zuständig erklärt sind, die Verfügungen ihrerseits ohne Inanspruchnahme der Ortspolizeibehörde erlassen. Daß die Fassung des Gesetzes dem nicht entgegensteht, ist bei den Verhandlungen des Reichstags über den ähnlich gefaßten § 120 f Abs. 2 der GewO. (vgl. Gesetz, betr. die Änderung der §§ 114a usw. der GewO., vom 27. Dezember 1911, RGBl. 139) ausdrücklich anerkannt.

14. Die Beseitigung der in den Betrieben der Hausarbeiter durch die Art der Beschäftigung hervorgerufenen Gefahren für Leben, Gesundheit oder Sittlichkeit soll nach der Absicht des Gesetzes

tunlichst ohne Gefährdung der Lebensfähigkeit der Betriebe selbst erfolgen. Es wird deshalb im Hinblick auf die ungünstige wirtschaftliche Lage vieler Hausarbeiter bei der Ausführung des § 6 nur schrittweise und mit besonderer Vorsicht vorzugehen sein. Das von dem Gesetz erstrebte Ziel wird sich, zumal dort, wo die Erwerbsverhältnisse der Hausarbeiter unbefriedigend sind, am besten erreichen lassen, wenn es gelingt, die Unternehmer, die ihre Hausarbeiter regelmäßig beschäftigen, mehr als bisher mit dem Bewußtsein zu erfüllen, daß ihnen auch hinsichtlich ihrer Hausarbeiter die Pflichten eines Arbeitgebers obliegen, und sie für die Verbesserung der nach § 6 Abs. 1 als ungenügend erfundenen Arbeitsverhältnisse in diesen Hausarbeitsbetrieben zu interessieren. Die Gewerbeaufsichtsbeamten haben daher in solchen Fällen, wo für den Hausarbeiter allein die Ausführung der erforderlichen Änderungen der Betriebsstätte oder Betriebsvorrichtungen ohne wesentliche Beeinträchtigung seiner Lebenshaltung nicht möglich erscheint, in dieser Richtung die geeigneten Schritte zu unternehmen, damit tunlichst die Unternehmer Beihilfen für diesen Zweck gewähren.

Unter welchen Voraussetzungen zur Förderung dieser Bemühungen der Gewerbeaufsichtsbeamten für den Fall, daß die Unternehmer zur Leistung von Beihilfen bereit sind, auch staatliche Mittel für den bezeichneten Zweck zur Verfügung gestellt werden können, bleibt besonderer Bestimmung vorbehalten.

15. Während die zur Beseitigung von Gefahren, die sich aus der Art der Beschäftigung für Leben, Gesundheit oder Sittlichkeit der Hausarbeiter selbst oder ihrer Familienangehörigen ergeben, erforderlichen Maßnahmen im allgemeinen in erster Linie nach den Verhältnissen des Einzelfalls zu treffen sein werden, hat für ein Vorgehen zum Schutze der öffentlichen Gesundheit gemäß § 7 die Art der vorgenommenen Verrichtnng insofern eine allgemeinere Bedeutung, als die Herstellung, Verarbeitung oder Verpackung von Nahrungs- oder Genußmitteln in den Hausarbeitsbetrieben, wenn dagegen Bedenken obwalten, vielfach weniger durch Verfügung für den Einzelfall, als vielmehr durch allgemeine Anordnung — des Bundesrats (§ 10 Abs. 1), der Landeszentralbehörde oder im Wege der Polizeiverordnung (§ 10 Abs. 3) — zu regeln sein wird.

16. Der Regelung unterliegen nach § 7 Abs 3 auch die sonst im allgemeinen von dem Gesetz ausgenommenen Werkstätten, in denen ausschließlich für den persönlichen Bedarf des Bestellers oder seiner Angehörigen gearbeitet wird, also die unmittelbar für die Kundschaft arbeitenden Handwerks- und sonstigen Kleinbetriebe ohne fremde Hilfskraft.

Nach § 16 kann die Regelung durch Polizeiverordnung auch über den Kreis der Hausarbeitsbetriebe hinaus auf solche Betriebe erstreckt werden, die im übrigen unter die Vorschriften der Gewerbeordnung fallen.

17. In die polizeilichen Verfügungen ist eine Belehrung über das zulässige Rechtsmittel — Beschwerde an den Regierungspräsidenten, für den Landespolizeibezirk Berlin an den Oberpräsidenten (§ 9 Abs. 3) — aufzunehmen. Da die Zuwiderhandlungen gegen die endgültig erlassenen Verfügungen im Gesetze (§§ 28, 29, 31) mit Strafe bedroht sind, so ist daneben eine Androhung bestimmter Strafen auf Grund des LVG. § 132 Ziff. 2 in der Verfügung nicht zulässig. Vielmehr ist, wo zur Erhöhung des Nachdrucks der Verfügung ein Hinweis auf die Nachteile ihrer Nichtbefolgung angezeigt erscheint, auf die gesetzlichen Strafbestimmungen zu verweisen. Außerdem können erforderlichenfalls auch noch die im LVG. § 132 Ziff. 1 oder 3 bezeichneten Zwangsmittel angedroht werden.

18. Von den durch die Ortspolizeibehörde erlassenen polizeilichen Verfügungen ist dem Gewerbeinspektor alsbald eine Abschrift zu übersenden.

19. Wegen der Ausführung der Verfügungen gilt Nr. 200 Abs. 1 bis 3 der Ausführungsanweisung zur Gewerbeordnung vom 1. Mai 1904 entsprechend.

Anzeigepflicht (§ 12).

20. Die im § 12 des Gesetzes vorgesehene Verpflichtung zur besonderen schriftlichen Anzeige an die Ortspolizeibehörde vor dem Betriebsbeginn greift nur insoweit Platz, als durch Bestimmungen des Bundesrats, der Landeszentralbehörde oder durch Polizeiverordnung für einen Gewerbezweig eine Regelung der Hausarbeit

erfolgt ist. Die Anzeige ist von demjenigen zu erstatten, welcher das Verfügungsrecht über den als Werkstätte benutzten Raum hat

21. Die eingehenden Anzeigen sind von der Ortspolizeibehörde darauf zu prüfen, ob sie die Lage der Werkstätte angeben und die Art des Betriebs erkennen lassen. Unvollständige Anzeigen sind zur Vervollständigung zurückzugeben.

Auf Grund der Anzeigen, die für jeden behördlich geregelten Zweig der Hausarbeit zu besonderen Aktenheften zu vereinigen sind hat die Ortspolizeibehörde nach den einzelnen Zweigen der geregelten Hausarbeit gesonderte Verzeichnisse der Hausarbeitsbetriebe ihres Bezirks unter fortlaufenden Nummern und mit Angabe der Lage der Werkstätte zu führen. Die Verzeichnisse sind dem zuständigen Gewerbeaufsichtsbeamten auf Ersuchen zur Einsicht vorzulegen.

Ausweis über die Beschaffenheit der Arbeitsräume
(§ 13 Abs. 1 Nr. 2, Abs. 2).

22. Auch die im § 13 vorgesehene Verpflichtung, Hausarbeit nur für solche Werkstätten auszugeben, hinsichtlich deren ein Ausweis über ihre vorschriftsmäßige Beschaffenheit vorgelegt wird, hat zur Voraussetzung, daß der Gewerbezweig durch Bestimmungen des Bundesrats, der Landeszentralbehörde oder durch Polizeiverordnung geregelt und daß dabei die Beschaffung eines solchen Ausweises vorgeschrieben ist.

23. Soweit hiernach die Verpflichtung besteht, gilt sie ebenso wie für die Unternehmer selbst, die unmittelbar Arbeit für Hausarbeiter ausgeben, und für die Verwalter von Zweigstellen solcher Betriebe (§ 32 Abs. 1) auch für die sogenannten Zwischenmeister, welche außerhalb ihrer Arbeitsstätte Hausarbeit verrichten lassen (§ 13 Abs. 1 Nr. 2), und für die sogenannten Ausgeber, Faktoren oder Fergen, die, ohne selbst eine Arbeitsstätte zu besitzen, für Gewerbetreibende die Ausgabe der Hausarbeit übernehmen (§ 13 Abs. 2). Personen, die, wie z. B. Botenleute, lediglich die Überführung der Arbeitsstücke von der Ausgabestelle zum Hausarbeiter besorgen, ohne daß sie an der Verfügung über die Austeilung der Arbeit selbst beteiligt sind, unterliegen der Verpflichtung nicht.

24. Damit in denjenigen Gewerbezweigen, für welche die Verpflichtung zur Vorlegung des Ausweises Platz greift, eine Erschwerung der Erwerbstätigkeit der Hausarbeiter im Falle des Wohnungswechsels infolge von Verzögerungen in der Beschaffung des Ausweises tunlichst vermieden wird, dürfen die Ausweise dann, wenn die neue Wohnung nur in nebensächlichen Punkten den vorgeschriebenen Anforderungen nicht genügt, ihnen im übrigen aber entspricht, einstweilen unter dem Vorbehalt erteilt werden, daß die verbliebenen Anstände binnen einer zu stellenden angemessenen Frist nachträglich behoben werden.

Listenführung (§§ 13, 14).

25. Die Bestimmungen über Listenführung gelten ohne weiteres allgemein von dem Zeitpunkte des Inkrafttretens des Gesetzes ab. Vom 1. April 1912 an haben daher zu führen:

1. ein Verzeichnis der beschäftigten Hausarbeiter:
   die Unternehmer und die Leiter von Zweigstellen der Betriebe (§ 32 Abs. 1 des Gesetzes), soweit sie unmittelbar, d. h. nicht durch Zwischenmeister oder Ausgeber (Faktoren, Fergen) Hausarbeiter beschäftigen,
   die sogenannten Zwischenmeister für die von ihnen außerhalb ihrer Arbeitsstätten mit Hausarbeit beschäftigten Personen und
   die sogenannten Ausgeber, Faktoren oder Fergen (Personen ohne eigene gewerbliche Arbeitsstätte) für diejenigen Hausarbeiter, welchen sie für — meist an anderen Orten wohnhafte — Gewerbetreibende Hausarbeit übertragen.
   (Wegen der Botenleute vgl. Nr. 23 dieser Anweisung.)
2. ein Verzeichnis der beschäftigten Zwischenmeister und Ausgeber (Faktoren, Fergen):
   die Unternehmer und die Leiter von Zweigstellen der Betriebe hinsichtlich solcher Personen, durch welche außerhalb der Betriebsstätten für die Betriebe die Übertragung von Arbeit an Hausarbeiter erfolgt, sei es, daß diese Personen — wie die Zwischenmeister — selbst zugleich an der Herstellung der Arbeitserzeugnisse mitbeteiligt sind, oder daß

sie — wie die Ausgeber (Faktoren, Fergen) — in der Hauptsache nur die Ausgabe der Arbeit vermitteln.

Zwischenmeister, welche die übernommene Arbeit ausschließlich in ihren eigenen Arbeitsstuben und Werkstätten ausführen lassen, also daneben nicht noch an Hausarbeiter weiterübertragen, sind in das Verzeichnis nicht aufzunehmen.

26. Die Verzeichnisse müssen den Namen der Hausarbeiter, Zwischenmeister und Ausgeber nebst Angabe der Betriebsstätte dieser Personen enthalten. Soweit sich ein Bedürfnis ergeben sollte, nähere Anordnung über die Einrichtung der Verzeichnisse zu treffen, kann das Erforderliche gemäß § 14 durch Polizeiverordnung der zuständigen Polizeibehörde nach Anhören beteiligter Gewerbetreibender und Hausarbeiter bestimmt werden.

27. Damit die Behörden zuverlässige Kenntnis über die Verbreitung der Hausarbeit in ihrem Bezirk erlangen, ist bis zum 1. Juli d. J. das Erforderliche zu veranlassen, damit die Verzeichnisse (vgl. Nr. 25 dieser Anweisung) den Ortspolizeibehörden sowie den Gewerbeaufsichtsbeamten zur Einsicht eingereicht werden (§ 13 Abs. 1 Nr. 1). Soweit es sich dabei in einem Bezirke nicht nur um verhältnismäßig wenige den Behörden von vornherein bekannte Betriebe (Unternehmer-, Zweigstellen-, Zwischenmeisterbetriebe), die Hausarbeiter beschäftigen, oder Ausgeber handelt, wird zweckmäßig durch Polizeiverordnung (§ 14) zu bestimmen sein, daß die Verzeichnisse in Abschrift an die Ortspolizeibehörde einzureichen sind. Bei Erlaß der Polizeiverordnung ist zugleich zu erwägen, inwieweit etwa auch für die Zukunft eine Wiederholung der Einreichung vorzuschreiben sein wird. Die Ortspolizeibehörden haben die Abschriften daraufhin durchzusehen, inwieweit nach Nr. 28 dieser Anweisung eine Benachrichtigung auswärtiger Ortspolizeibehörden vorzunehmen ist, und sie sodann dem zuständigen Gewerbeinspektor zu übersenden.

Im allgemeinen wird der Besitz der Abschriften für die Ortspolizeibehörden nicht von der gleichen Bedeutung wie für die Gewerbeinspektoren sein. Soweit dies gleichwohl der Fall ist, kann durch die Polizeiverordnung auch die Einreichung je einer Abschrift an die Ortspolizeibehörde und den Gewerbeinspektor vorgesehen werden.

28. Ergibt sich aus den Verzeichnissen, daß Hausarbeiter, Zwischenmeister oder Ausgeber in einem anderen Bezirke des Staatsgebiets beschäftigt werden, so hat die Ortspolizeibehörde zwecks tunlichst vollständiger Erfassung der Hausarbeiter und zur Erleichterung der Kontrolle über die Durchführung des § 13 des Gesetzes die Namen dieser Personen unter Angabe der Betriebsstätte der zuständigen Ortspolizeibehörde mitzuteilen. Diese hat sie zur Kenntnis des Gewerbeinspektors zu bringen.

29. Die Gewerbeinspektoren haben für ihre Akten aus den ihnen vorgelegten (§ 13 Abs. 1 Nr. 1) Verzeichnissen die erforderlichen Auszüge zu fertigen und sie ebenso wie die eingereichten Verzeichnisabschriften und die ihnen gemäß Nr. 28 dieser Anweisung übersandten Mitteilungen für die einzelnen Gewerbezweige gesondert aufzubewahren.

Für solche Hausarbeitszweige, welche wegen der aus der Art der Beschäftigung sich ergebenden Gefahren für Leben, Gesundheit oder Sittlichkeit (§ 6 des Gesetzes) die besondere Überwachung durch die Gewerbeaufsichtsbeamten erfordern, werden Kataster der im Gewerbeinspektionsbezirke belegenen Hausarbeiterbetriebe nicht wohl entbehrt werden können. Inwieweit solche zu führen und wie sie einzurichten sind, bleibt bis auf weiteres der Anordnung des Regierungs- und Gewerberats vorbehalten.

Aufsicht (§ 17).

30. Die Aufsicht über die Ausführung der Vorschriften:

a) des § 5 des Gesetzes wegen Vermeidung ungerechtfertigter Zeitversäumnis für die Hausarbeiter bei der Empfangnahme oder Ablieferung der Arbeit,

b) des § 6 Abs. 1 des Gesetzes wegen Vermeidung von Gefahren für Leben, Gesundheit oder Sittlichkeit infolge der Art der Beschäftigung

wird von den Gewerbeaufsichtsbeamten wahrgenommen. Die Ortspolizeibehörden sind jedoch verpflichtet, auf ihr Ersuchen Nachrevisionen über die Ausführung der von den Gewerbeinspektoren erlassenen polizeilichen Verfügungen vorzunehmen.

31. Die Aufsicht über die Vorschriften des § 12 des Gesetzes wegen der der Ortspolizeibehörde zu erstattenden Anzeige wird von den Ortspolizeibehörden wahrgenommen.

32. Im übrigen wird die Aufsicht über die Ausführung des Gesetzes von den Ortspolizeibehörden und den Gewerbeaufsichtsbeamten ausgeübt. Dabei ist, soweit gemäß § 15 des Gesetzes für einzelne Gewerbezweige die Verpflichtung vorgeschrieben ist, daß sich die Gewerbetreibenden (auch Zweigstellenleiter und Zwischenmeister) und Ausgeber über die Einrichtung und den Betrieb der Werkstätten persönlich oder durch Beauftragte unterrichten, besonders darauf zu achten, ob dieser Verpflichtung genügt ist.

33. Die Gewerbeaufsichtsbeamten haben die von ihnen ausgeführten Revisionen in das Revisionsnotizbuch einzutragen, das von ihnen nach Nr. III 6 der Vorschriften für den inneren Dienst der Gewerbeinspektionen vom 3. Juni 1901 zu führen ist. Inwieweit über die von den Gewerbeaufsichtsbeamten ausgeführten Revisionen auch Vermerke in das nach Nr. 29 Abs. 2 dieser Anweisung zu führende Kataster aufzunehmen sind, bleibt bis auf weiteres gleichfalls der Anordnung des Regierungs- und Gewerberats vorbehalten.

34. Die nähere Anordnung wegen Errichtung von Fachausschüssen bleibt bis nach Erlaß der im § 24 des Gesetzes vorgesehenen Bestimmungen des Bundesrats über die Errichtung und die Zusammensetzung der Fachausschüsse sowie über das Verfahren bei diesen vorbehalten.

Anmerkungen.

Anm. zu Seite 48.

Abs. 1 hinter „rechnen müssen" einzufügen: vgl. HMErl., betr. Bahnhofsbuchhandel, v. 2. Mai 1911 (HMBl. 155).

Anm. zu Seite 49.

Abs. 2 hinter 7369 einzuschalten: sowie **10**, 9 und 212.

Anm. zu Seite 49.

Abs. 2. Arzneimittelverordnung anderweit geändert 31. März 1911 (RGBl. 181).

Zu Seite 49.

Anm. zu § 6 Abs. 2. Die Kaiserl. Vo., betr. den Verkehr mit Arzneimitteln, v. 22. Oktober 1901 (RGBl. 380) ist anderweit geändert durch Vo., betr. den Verkehr mit Arzneimitteln, v. 31. März 1911 (RGBl. 181).

Anm. zu Seite 52.

Ziffer 2: Abdeckerei. Vgl. G., betr. die Beseitigung von Tierkadavern, v. 17. Juni 1911 (RGBl. 248), das im § 3 dem Landesrecht vorbehält, das Abdeckereiwesen einschließlich des Betriebs der Anlagen zur gewerbsmäßigen Beseitigung oder Verarbeitung von Kadavern und tierischen Teilen in Abweichung von der GO. zu regeln.

Anm. zu Seite 67.

Abs. 2. An Stelle der Erlasse v. 2. Juli 1892, 31. Dezember 1896 und 20. (nicht 26.) Juni 1904 ist der HMErl. vom 5. Januar 1912 (HMBl. 14) getreten.

Anm. zu Seite 77.

Der HMErl., betr. Einrichtung und Betrieb von Dampffässern, v. 7. Februar 1908 (HMBl. 46) ist abgeändert durch HMErl. v. 14. September 1911 (HMBl. 386). Die für Dampffässer für anwendbar erklärten Landkesselbestimmungen sind für erstere gemildert, HMErl. v. 23. Mai 1911 (HMBl. 182).

Anm. zu Seite 85.

d. für Apotheker hinter 18. Mai 1904 RZBl. 150 anzufügen: — geändert durch Bekm. des Reichsk. v. 7. Dezember 1910 (MMBl. 11, 46).

Anm. zu Seite 89.

Abs. 2. Vgl. MErl., betr. Vorschriften über Anlage, Bau und Einrichtung von Kranken-, Heil- und Pflegeanstalten, sowie von Entbindungsanstalten und Säuglingsheimen, v. 8. Juli 1911 (MMBl. 233).

Anm. zu Seite 91.

3. Abs. 1 anzufügen: Prüfungskommissionen s. HMErl. vom 26. Januar 1911 (HMBl. 28).

Zu Seite 106.

Anm. zu § 34. Die im zweiten Abs. angeführte Vo. v. 30. Juli 1900 (GS. 308) ist, soweit sie das Gewerbe eines Gesindevermieters oder Stellenvermittlers betrifft, außer Kraft gesetzt durch § 4 der Vo. zur Ausführung des Stellenvermittlergesetzes v. 2. Juni 1910 (RGBl. 860), v. 25. Juli 1910 (GS. 155).

Anm. zu Seite 107.

Gifthandel. Hinter dem Worte „Zuverlässigkeit" einzuschalten: „vom Kreisarzt bescheinigt".

Zu Seite 107.

Anm. zu § 34. Das G., betr. die Stellenvermittlung für Schiffsleute, vom 2. Juni 1902 (RGBl. 215) ist seit 1. Oktober 1910 außer Kraft gemäß § 19 des Stellenvermittlergesetzes v. 2. Juni 1910 (RGBl. 860).

Anm. zu Seite 114.

Zu Abs. 5 a. E.: Vgl. MErl. v. 11. April 1911 (HMBl. 125) und 16. November 1911 (HMBl. 423).

Anm. zu Seite 123.

3. am Ende anzufügen: geändert durch HMErl. v. 23. Januar 1911 (HMBl. 58).

Zu Seite 124.

Anm. 7. Die Vorschriften über den Geschäftsbetrieb der Stellenvermittler für Bühnenangehörige (Theateragenten) v. 31. Januar 1902 (HMBl. 66) und 3. Februar 1909 (HMBl. 85) sind ersetzt durch die Vorschriften über den Geschäftsbetrieb der gewerbsmäßigen Stellenvermittler für Bühnenangehörige usw. v. 17. August 1910 (Anl. II zum HMErl. v. 19. August 1910 — HMBl. 454 —).

Zu Seite 124.

Anm. 5. Die Vorschriften über den Umfang der Befugnisse und Verpflichtungen sowie über den Geschäftsbetrieb der Gesindevermieter und Stellenvermittler v. 5. März 1907 (HMBl. 55) und die Vorschriften über den Geschäftsbetrieb der Stellenvermittler für Schiffsleute v. 6. März 1903 (HMBl. 70) haben ihre Gültigkeit gemäß Ziffer 22 der Vorschriften vom 16. August 1910 (Anl. I zum HMErl. v. 19. August 1910 — HMBl. 454 —) verloren; desgl. ist der HMErl. v. 27. März 1907 (HMBl. 74), betr. Verbot der Schankwirtschaft und gewerbsmäßigen Beherbergung anderer als stellensuchender Personen, erledigt durch § 3 des Stellenvermittlergesetzes v. 2. Juni 1910 (RGBl 860).

Anm. zu Seite 125.

9. Hinter „in Kraft getreten am 1. Oktober 1905“ einzuschalten „erläutert durch MErl. v. 10. April 1911 (HMBl. 124)“.

Anm. zu Seite 126.

Die Bestimmungen, betr. die Einrichtung von Kehrbezirken, v. 5. Februar 1907 (HMBl. 25) sind ergänzt durch HMErl. v. 27. Oktober 1911 (HMBl. 403).

Anm. zu Seite 178.

Zeile 6 v. o. hinter 53 einzuschalten: u. MinBf. v. 4. Februar 1911 (MBl. 98).

Anm. zu Seite 203.

Zu § 70 Anm. Abs. 1 anzufügen: HMErl., betr. die rechtliche Behandlung der Spezialmärkte bei besonderen Gelegenheiten (GO. § 70), v. 29. Dezember 1910 (HMBl. **11**, 8).

Zu Seite 208.

Anm. zu Abs. 1. Das G., betr. die Stellenvermittlung für Schiffsleute, v. 2. Juni 1902 (RGBl. 215) ist gemäß § 19 des Stellenvermittlergesetzes v. 2. Juni 1910 (RGBl. 860) außer Kraft gesetzt.

Anm. zu Seite 233.

Zu Abs. 2 hinzuzufügen: siehe auch HMErl. v. 26. Juni 1911 (HMBl. 253).

Anm. zu Seite 372.

Vor den Worten: „Zur Unterstützung des Handelsministers" auf Zeile 1 ist einzuschalten: Wegen Einrichtung und Lehrplänen der Fortbildungsschulen s. HMErl. v. 1. Juli 1911 (HMBl. 267).

Anm. zu Seite 381.

11. Der HMErl., betr. Polizeivo. über die Einrichtung und den Betrieb von Aufzügen, v. 17. März 1908 (HMBl. 91), berichtigt HMErl. v. 10. März 1909 (HMBl. 140), ist geändert durch HMErl. v. 4. und 27. Dezember 1909 (HMBl. 525; **10**, 8), 28. Januar und 10. März 1910 (HMBl. 54, 112) und 21. August 1911 (HMBl. 328).

14. Erl., betr. Herstellung und Lagerung von Schwefelkohlenstoff, v. 23. Februar 1910 (HMBl. 71).

15. Erl., betr. Herstellung von Zelluloidwaren, v. 7. Mai 1910 (HMBl. 181).

16. Erl., betr. Einrichtung von Luftgasanlagen, v. 21. September 1910 (HMBl. 510).

17. Erl., betr. Einrichtung und Betrieb von Metallbeizereien, v. 8. Februar 1911 (HMBl. 50).

18. Erl., betr. Anlegung und Betrieb von Fabriken zur Herstellung von Ammoniaksalpetersprengstoffen, v. 4. August 1911 (HMBl. 316).

19. Erl., betr. Einrichtung und Betrieb von Anlagen zur Herstellung von Nitro- und Amidoverbindungen, v. 21. Oktober 1911 (HMBl. 404).

20. Erl., betr. Einrichtung und Betrieb von Wassergas-, Halbwassergas- und Sauggasanlagen, v. 5. Januar 1912 (HMBl. 14).

21. Erl., betr. elektrische Starkstromanlagen, die mit Bergwerken in Zusammenhang stehen, v. 11. Januar 1912 (HMBl. 16).

Anm. zu Seite 412.

Hinter Abs. 1 einzufügen: Weibliche Handwerker siehe HMErl. v. 18. Juli 1911 (HMBl. 304).

Anm. zu Seite 536.

Zu § 17 Ziffer 3 das. Unter „dergleichen" sind auch Dampfkessel auf Schwimmkränen zu verstehen. HMErl. v. 14. April 1911 (HMBl. 386).

Anm. zu Seite 596.

7. Zur Vorbemerkung anzufügen: 4. MErl. v. 23. Dezember 1910 (HMBl. 11, 12).

Anm. zu Seite 642.

Zu §§ 9 und 10 das. bestimmt die Bekm. des Reichskanzlers, betr. den Betrieb der Zinkhütten, v. 25. November 1910 (RGBl. 1105), daß diese bis zum 31. Dezember 1912 in Kraft bleiben.

Anm. zu Seite 645.

Die Bestimmungen v. 5. März 1912 bleiben bis 1. April 1913 in Kraft, Bkm. v. 20. März 1912 (RGBl. 194).

Anm. zu Seite 649.

Zu Ziff. VI das. bestimmt die Bek. des Reichskanzlers v. 20. März 1912 (RGBl. 194), daß die Bestimmungen bis zum 1. April 1913 in Kraft bleiben.

Anm. zu Seite 691.

Hinter (HMBl. 511) einfügen: Weitere Änderungen v. 17. April 1910 (HMBl. 151), 24. Mai 1910 (HMBl. 263) und 22. April 1911 (HMBl. 132).

Anm. zu Seite 692.

Abs. 3c muß lauten: in den Fällen des § 105c Abs. 4, soweit es sich um Betriebe der in § 105b Abs. 1 bezeichneten Art handelt, und in den Fällen der §§ 105b, 138a, 139 der GO.

Zu Seite 699.

Vorletzter Abs. anzufügen: Bei Anträgen auf Genehmigung von Stauanlagen an nicht schiffbaren Gewässern darf, soweit es sich nicht um Talsperren oder sonstige Anlagen handelt, die von wesentlichem Einfluß auf die Wasserführung schiffbarer Wasserstraßen sind, von der Zuziehung des Wasserbaubeamten abgesehen und die Prüfung dem Meliorationsbaubeamten allein übertragen werden.

Zu Seite 720.

Ziffer 50 der AA. zur GO. Abs. 1. Wegen der Ausübung des Gewerbebetriebs der Gesindevermieter und Stellenvermittler s. das Stellenvermittlergesetz im Anhang A Ia und die Ausführungsbestimmungen das. B Ia.

Zu Seite 722.

Ziffer 53 der AA. zur GO. Die hier zitierten Vorschriften für den Geschäftsbetrieb der Gesindevermieter und Stellenvermittler

v. 10. August 1901 (HMBl. 184), bereits ersetzt gewesen durch die Vorschriften über den Umfang der Befugnisse und Verpflichtungen, sowie über den Geschäftsbetrieb der Gesindevermieter und Stellenvermittler usw. v. 5. März 1907 (HMBl. 55) und die Vorschriften über den Geschäftsbetrieb der Stellenvermittler für Schiffsleute v. 6. März 1903 (HMBl. 70) sind aufgehoben, siehe die Bemerkung zu Seite 124; Nachtrag Seite 92. Die Vorschriften für den Gewerbebetrieb der Theateragenten v. 31. Januar 1902 (HMBl. 66) ebenfalls s. die Bemerkung zu Seite 124; Nachtrag Seite 92.

Anm. zu Seite 770.

Ziffer 154. Statt: „Die untere Verwaltungsbehörde" muß es heißen: „Der Gewerbeinspektor — Bergrevierbeamte —". Abs. 2 zu streichen. Abs. 3 anzufügen: Der Gewerbeinspektor hat eine Abschrift der Genehmigungsverfügung der Ortspolizeibehörde mitzuteilen. Abs. 4 u. 5 werden durch folgende Bestimmung ersetzt. Die Genehmigung ist in ein Verzeichnis einzutragen, welches nach dem beigefügten Muster K anzulegen ist. Das Verzeichnis oder eine Abschrift davon ist bis zum 15. Januar jeden Jahres dem Regierungspräsidenten einzureichen und von diesem dem Regierungs- und Gewerberat zur Benutzung bei Erstattung des Jahresberichts zu überweisen. Für die der Aufsicht der Bergbehörden unterstellten Betriebe erfolgt die Einreichung an das Oberbergamt.

Anm. zu Seite 777.

171 a) Schneidergewerbe: Es kann in Betrieben, die Kleidungsstücke nach Maß anfertigen, die Beschäftigung eines Zuschneiders zum Zwecke des Maßnehmens gestattet werden. Diese Beschäftigung darf nur in der Zeit nach Beendigung des Hauptgottesdienstes bis spätestens 2 Uhr nachmittags erfolgen.

Anm. zu Seite 792.

e) Der HMErl., betr. die Einrichtung und den Betrieb der Dampffässer, v. 29. Oktober 1898 (HMBl. 00, 62) ist ersetzt, siehe Anm. zu Seite 77, Nachtrag Seite 91.

Anm. zu Seite 792.

m) Mineralöle anzufügen, geändert 20. Januar 1906 (HMBl. 75) u. 14. Juni 1910 (HMBl. 258).

Anm. zu Seite 792.

l) Die Erlasse v. 6. Juli 1897 u 2. Dezember 1898 sind bis auf das Erfordernis der Jahresberichte nach ersterem Erl. aufgehoben, HMErl. v. 20. Dezember 1910 (HMBl. **11**, 11).

Anm. zu Seite 806.

Für Bergwerke, Salinen, Aufbereitungsanstalten und unterirdisch betriebene Brüche oder Gruben, die der Aufsicht der Bergbehörden unterstehen, tritt an Stelle des Musters N der HMErl. v. 11. Mai 1910 (HMBl. 170).

Anm. zu Seite 828.

Zu **) vgl. Anm. zu Seite 806, oben.

Sachregister.

Die Zahlen bedeuten die Seiten. Beim Text der Gewerbeordnung sind die Ziffern der Paragraphen mit angegeben.

A.

F.

G.

H.

J.

K.

R.

S.

T.

U.

V.

W.

Z.

Druck von A. W. Hayn's Erben (Curt Gerber), Potsdam.

FSC
www.fsc.org
MIX
Papier | Fördert
gute Waldnutzung
FSC® C083411

Kolibri 360 GmbH
Ferdinand-Jühlke-Straße 7
99095 Erfurt, Deutschland
produktsicherheit@kolibri360.de